AF290464

Erich Wulffen

Die Psychologie des Hochstaplers

Regenbrecht Verlag

Bibliografische Information der Deutschen Bibliothek
Die Deutsche Bibliothek verzeichnet diese Publikation
in der Deutschen Nationalbibliografie; detaillierte
bibliografische Daten sind im Internet über
http://dnb.ddb.de abrufbar.

Herstellung: BoD – Books on Demand, Norderstedt

© Regenbrecht Verlag, Berlin 2018
Alle Rechte vorbehalten
www.regenbrecht-verlag.de

ISBN: 978-3-943889-78-9

I.

Die Kriminalpsychologie, welche das Gefühls- und Vorstellungsleben des verbrecherischen Menschen erforscht, gewinnt immer mehr die wissenschaftliche Überzeugung, dass der Verbrecher keineswegs, wie der Turiner Gelehrte Caesare Lombroso behauptete, einen besonderen, eigenartigen Rückschlagstypus (Atavismus) des Menschen mit bestimmten körperlichen und seelischen Merkmalen darstellt. Vielmehr behaupten wir neueren Kriminalisten, dass die Charaktere der Verbrecher in ihrer Umgebung sich bilden und körperlich wie seelisch, genau oder modifiziert, je die Grundeigenschaften der Gesellschafts- und Volksklasse wiedergeben, in welcher sie geboren wurden. Es gibt keine besonderen, ausdrücklichen verbrecherischen Strebungen, welche die Natur der Menschenseele eingepflanzt hätte. Wenn sich seelische Strebungen verbrecherisch im Sinne der Strafgesetze auswirken, so handelt es sich um Instinkte, Triebe oder Eigenschaften, die unter günstigeren Umständen oder in geringerer Stärke eine für den Menschen lebensnotwendige, wohltätige, soziale Betätigung finden. Die Psychologie, welche das menschliche Gefühls- und Vorstellungsleben im allgemeinen ergründet, weist bei diesen Instinkten, Trieben und Strebungen Breiten von Übergängen nach, wo die soziale Betätigung allmählich oder plötzlich in die unsoziale überfließt. Diese fließenden Übergänge zeigen die interessantesten Gebiete der Kriminalpsychologie auf.

Und bei keiner Verbrechensart lässt sich dieses kriminalpsychologische Phänomen anschaulicher und auch den Laien überzeugender darstellen, als bei der Handlungsweise des Betrügers, als an der Psychologie des Hochstaplers, der wir unsere Betrachtungen widmen wollen.

Es gehört zu den Grundlehren der Biologie und Anthropologie, dass dem Menschen gewisse, zu seinem Dauerdasein notwendige Instinkte eingepflanzt worden sind, die sich zu bewussten Trieben entwickelt haben. Die ursprünglichsten sind der Nahrungstrieb und der Sexualtrieb, die die Erhaltung des Menschengeschlechts gewährleisten. Daneben erscheint ein besonderer Selbsterhaltungstrieb, dessen der Mensch zuerst im Kampfe mit der anorganischen Natur und mit dem Tierreiche bedurfte, wenn er nicht vernichtet werden sollte. Unterarten dieses Selbsterhaltungstriebes sind beispielsweise der Zerstörungstrieb, der zum Kampfe gegen Tiere, Feinde und sonstige Hindernisse treibt, und der Erwerbstrieb, der sich im Habenwollen, im Greifen, auf primitiver Stufe in Bemächtigung von Nahrungsmitteln und sonstigen Naturerzeugnissen betätigt. Wie ursprünglich gerade diese beiden Triebe dem Menschen eingepflanzt sind, lässt sich bereits am kleinen Kinde beobachten, das in seiner Entwicklung diejenige des ganzen Menschengeschlechts gewissermaßen versinnbildlicht. Das kleine Kind greift nach allem, will alles haben, führt alles zum Munde. »Haben« ist eines der ersten Tätigkeitsworte der Kindersprache. Und wer jemals ein kleines Kind mit Wonne eine Zeitung oder gar ein Bilderbuch hat zerreißen sehen, der wird auch begreifen, wie ursprünglich dem Menschen der Zerstörungstrieb vererbt worden ist. Wird jener Erwerbsinstinkt des Menschen später aus irgendwelchem Grunde in falsche Bahnen gelenkt, entwickelt er sich in einem Übermaße, so löst er Geiz und Habsucht oder auch Neigung zu Diebstahl aus, während unter ähnlichen Umständen der Zerstörungstrieb zu Gewalttätigkeiten, zu Sachbeschädigung und Körperverletzung, ja zu Totschlag und Mord führen kann. Da haben mir gleich zwei Beispiele, wie notwendige menschliche Urinstinkte sich kriminell auswirken können.

Es gibt aber noch eine andere wichtige Unterart des Selbsterhaltungstriebes: es ist der Verheimlichungsinstinkt, den die Natur dem Menschen auf seinem Lebenswege gleichfalls mitgeben musste. Schon im primitiven Lebenskampfe musste der Mensch ihm fehlende Kraft durch Vorsicht, List, Verschlagenheit ersetzen, er musste das Wild, das Raubtier und seinen Feind beschleichen. Seine verschiedenartigen Begierden und Bewegungen musste er dem Gegner verbergen, verheimlichen, er musste sich schon früh verstellen lernen. Diesen Verstellungsinstinkt hat die Natur schon beim Tiere vorgebildet. Jedermann kennt die List der Katze, des Marders, des Fuchses und des Tauchers. Das Eichhörnchen und der Grünspecht wenden sich mit großer Schlauheit um den Baum herum, und der Marder bleibt ausgestreckt und unbeweglich auf einem Aste liegen, um dem Auge des Jägers zu entgehen. Bei einer Tierhetze in Wien ließ man auf Enten in einem Wasserbassin einige Bären los. Sobald diese ins Wasser kamen, tauchten alle Enten unter. Gelang es nach vielen Anstrengungen einem Bären, eine Ente zu erreichen, so stellte diese sich tot. Kaum aber hatte der Bär sie ans Ufer gelegt, so sprang die Ente eilig ins Wasser zurück. Ist es nicht ein auffälliger Zug von Verstellung, dass viele Insekten, sobald man sie berührt, alle Glieder zurückziehen und sich so lange tot stellen, bis sie die Gefahr vorüber glauben? Dann andere Beispiele. Ein Pferd stellt sich lahm, um nicht geritten zu werden. Der Schimpanse simuliert Husten, weil er zu einer Produktion keine Lust hat, der Bär im zoologischen Garten gibt Zahnschmerzen vor und winselt, um Mitleid zu erregen und gute Bissen zu erbetteln. Hier sehen wir im Tierreiche den Verstellungsinstinkt in den bewussten Verstellungstrieb übergehen, und hier im Tiergehirn liegen also die Uranfänge der Psychologie des Hochstaplers, zu der wundersame Gefühle, Verstellungen und Verknüpfungen hinaufführen.

Auch die Psychologie des Kindes liefert den Nachweis, dass es einen eingeborenen Verstellungsinstinkt gibt. Hierbei ist es von außerordentlichem Interesse, ihn in seinen ersten Anfängen zu belauschen. In den frühesten Kinderjahren schiebt sich die Scheinlüge zwischen unabsichtlich falsche Aussage und Lüge ein. Lebhafte und phantasiebegabte kleine Kinder kann man zuweilen dabei beobachten, wie sie, entweder sich allein glaubend oder auch ganz ohne Scheu vor Zeugen, lange Erzählungen unwahren und vielfach sinnlosen Inhalts vor sich hinreden. Einmal kommt hierbei der Bewegungsdrang in den Sprechwerkzeugen, die sich betätigen wollen, zum Ausdruck, andrerseits sucht die Lautsprache mit Hilfe der kindlichen Phantasie unbeholfen einen Inhalt. Noch sind es nur Scheinlügen, zuweilen aber bilden sie doch eine Vorstufe der künftigen phantastischen Aussageverfälschungen. Zu den Scheinlügen rechnen auch gewisse Spiele des Kindes. Das Kind läuft, gegenwärtiges Einkaufen vorgebend, im Zimmer umher, bleibt an einer Tür stehen, als sei es beim Kaufmann, verlangt Butter und Eier, bezahlt, sagt »Danke schön!« und erklärt uns schließlich, es habe eingekauft. So erzieherisch das Spielen des Kindes im allgemeinen ist – der Spieltrieb wurde dem Kinde von der Natur eingepflanzt, um seinen Tätigkeitsdrang zu entwickeln – so kann nicht verkannt werden, dass gewisse Spiele der Kinder unter Umständen dem Verstellungstriebe, mit dem sich der Nachahmungstrieb wegen der Gleichartigkeit der Strebungen leicht verbindet, Nahrung geben. Und wie mit solchen Handlungen »spielt« das Kind auch mit Aussagen.

Die interessierten Aussagefälschungen, die auf des Kindes Wohl und Wehe Bezug haben, finden ihre Fälschungsquelle nicht mehr im bloßen Vorstellungsleben, sondern in den Affekt- und Willensfunktionen des Kindes und führen bis zu ihrer letzten Stufe, bis zur ausgebildeten Lüge, hinauf. Ganz bescheidene Anfänge. Der völlig trocken und gesättigt liegende Säugling schreit gleichwohl mörderlich, um durch das freundliche Wesen, das ihm Abhilfe gegen Nässe und Hunger brachte, wieder eine Abwechselung zu haben. Oder ein Kind täuscht, ebenfalls um Abwechselung zu haben, ein Bedürfnis vor, nur um aus dem Bettchen, Wagen oder Stuhl genommen zu werden. Eine Zweijährige sollte zur Strafe für eine Unart in der Ecke stehen, da sagte sie »Topp«, obwohl sie sonst auf diese Sitzgelegenheit nur mit Schwierigkeiten zu bekommen war. Sie wollte also nur die Beschämung des Eckenstehens von sich abwenden. Kinder schützen Hinderungsgründe, so Schmerzen, Sattheit, Müdigkeit vor, um sich einer Unliebsamkeit zu entziehen. Ein Mädchen von noch nicht vier Jahren gab Leibschmerzen vor, während es die unbeliebte Reisspeise aß. Ein Zweijähriger machte sich über alle verbotenen Dinge her, sobald man das Zimmer verließ oder sich schlafend stellte. Fühlte er sich dann ertappt, so errötete er leicht, brachte verlegen lächelnd den Gegenstand herbei und sagte »Danke schön!«, als sei ihm der Gegenstand vorher übergeben worden. Ein andermal spielte der Knabe im Nebenzimmer mit einem Glase. Auf des Vaters Ruf: »Bringe das Glas sofort hierher!« brachte er zögernd ein hölzernes Spielzeug herbei und sagte: »Da!« Das sind noch ganz harmlose Vortäuschungen des Kindes, gewissermaßen in der Abwehr. Sie können weniger harmlos sein. Ein viereinhalbjähriges Mädchen zerbrach versehentlich ein Glas, las die Scherben heimlich zusammen und warf sie ins Ofenloch. Dann schaufelte es in Gegenwart der Dienstboten die Scherben wieder hervor und fragte: »Wer von euch hat das getan?« Schließlich behauptete es sogar, selbst gesehen zu haben, welches Dienstmädchen das Glas zerbrochen habe. Erst nach längerer Einwirkung gestand es die Lüge. Bei ausgesprochen pathologischen Kindern stellt sich die Lüge sehr frühzeitig auch in schlimmer Form und mit großer Häufigkeit ein.

Falsche Erziehung pflegt Kindern die von ihnen erwünschte Abwehr meist nicht leicht zu machen und verleitet sie oft geradezu zu Unwahrheiten. Ein Knabe brachte ein Stück Mörtel und erzählte ganz harmlos, dass er es vom Balkon abgebrochen habe. Auf den strengen Blick der Eltern sagte er schnell: »Nein, das Vögerle hat's ja abgebrochen!« Als nun die Eltern lächelnd fragten, wie das unnütze Vögelchen heiße, beruhigte sich das Kind und sagte: »Nu, der Bubi war's doch!« Zahlreiche Suggestivlügen sind durch die Frage: »Wer hat das gemacht?« in der Kinderstube angerichtet worden. Schon Rousseau sagte, dass die Lügen der Kinder das Werk der Erzieher sind. So können die Eltern auch den künftigen Hochstapler großziehen. Beliebt sind die häufigen Unwahrheiten der Erzieher in der Kinderstube. Ein Junge bekam beim Kopfwaschen, damit ihm das Seifenwasser nicht in die Augen lief, gesagt: »Da oben an der Decke sitzt eine Spinne!« Nun sah er immer ängstlich nach oben. Beim Photographieren erklärte man ihm, unter dem schwarzen Tuch werde sofort ein schwarzer Hahn hervorkommen und krähen. In das Bewusstsein so behandelter Kinder schleicht sich leicht Misstrauen gegen die Aussagen der Umgebung ein. Weiter wächst das Kind in einer gewissen Lügenatmosphäre auf (der schwarze Mann, Knecht Ruprecht, Drohung mit dem Polizisten, der niemals kommt, usw.). Das Kind erkennt mit der Zeit, dass man es zum besten hält, und wird gegen Wahrheit und Lüge unempfindlicher. Später kommen die konventionellen Lügen. Unbeliebten Personen werden vor den Kindern Freundlichkeiten ins Gesicht gesagt. Die Eltern, die zu Hause sind, lassen sich Besuchern gegenüber durch die Dienstboten verleugnen. In der Straßenbahn wird das Alter der Kinder falsch angegeben, um das Fahrgeld zu sparen. Wir dürfen uns also nicht wundern, wenn wir so vieles tun, um den eingeborenen Verstellungsinstinkt des Kindes zum bewussten Trieb zu entwickeln!

Da stellen sich dann leicht die Anzeichen des künftigen Schwindelns ein. Der Junge entpuppt sich früh als Aufschneider, als Renommist. Er wird auf der Straße von einem Hunde angefahren. Vor Angst bleibt er stehen, die Tränen treten ihm in die Augen, langsam schleicht er sich rückwärts davon. Später erzählt er seinen Schulgenossen, dass ein Hund, größer als der größte Hund im Dorfe, ihn angefahren habe. Da habe er dem Tier mit seinem Stock einen solchen Schlag versetzt, dass es heulend, mit eingezogenem Schwanze davongelaufen sei. So verwandelt der Knabe seine Furchtsamkeit in Kühnheit. Er war mit sich selbst unzufrieden, deshalb der befreiende psychologische Umbildungsprozess, den wir genau in derselben Weise beim Hochstapler wiederfinden werden. Ein anderer Knabe hatte nach seiner Auffassung zu Weihnachten sehr wenig Geschenke bekommen. Um seiner Enttäuschung und seines Unmutes Herr zu werden, konnte er seinen Kameraden gegenüber nicht Worte genug finden, die vielen Herrlichkeiten zu beschreiben, die seinen Weihnachtstisch geschmückt hatten. Derselbe psychologische Umbildungsprozess! Es gibt Kinder, die unter ihresgleichen sich Aufschneidereien so angewöhnen, dass sie in solchem Kreise völlig unwahr werden und gewissermaßen – wie der Hochstapler – ein Doppelleben – zu Hause und in Gesellschaft der Genossen – führen. Andere lügen aus Mangel an Intelligenz, an Aufmerksamkeit. Die Lässigen verbessern ihre Erinnerung gar nicht und setzen – bald aus Gewohnheit – der Wahrheit immer etwas zu oder streichen etwas ab. Manche Kinder lügen zwecklos aus bloßer Dummheit, wenn sie danach ihren Fehler einsehen, behalten sie die Unwahrheit aus Trotz bei, wie dieser überhaupt auch sonst als eine gewisse Feindseligkeit, Widersetzlichkeit gegen Erzieher, Lehrer und die sonstige Umgebung die Ursache zur Lüge werden kann. Um das Wohlwollen der Eltern und Erzieher, deren Unentbehrlichkeit ihm einleuchtet, in besonderem Maße zu genießen, bleibt das Kind nicht immer ehrlich. Es wird zum Schmeichler, es gibt kleine Helden im Schmeicheln. Die Kinder – zumal die Mädchen – hängen sich an Vater oder Mutter, führen Koseworte im Munde, suchen sich mit einem Male nützlich zu machen. Solche Kinder werden zu kleinen Komödianten.

Eröffnet so die Kinderpsychologie einen reichen Ausblick in die Gemüts- und Geistesverfassung des Hochstaplers, so zeigt sie auch, dass eine starke Trägerin des Verstellungsinstinktes die menschliche Phantasie ist. Ein dreieinhalbjähriger Knabe wollte in »Nordberlin« einen Fisch gesehen haben, der wie ein Haifisch aussah und Füße mit Stiefeln daran besaß.

Ein andermal erzählte er: »In Nordberlin sind Hasen und Hunde auf dem Dach. Sie klettern mit einem Leiterle hinauf und spielen da miteinander rum ... und dann ... und dann kommt ein Telephon, weißt du, ein langes Seil, und auf dem gehen sie nach Stuttgart.« Die Ausschweifungen der kindlichen Phantasie spotten oft jeder Beschreibung. Ein Zehnjähriger erzählte Mitschülern und sogar Lehrern, er habe ein Fahrrad mit vierzig Fahrern gesehen. Er gab auf alle Fragen schlagfertige Antworten, über jede Einzelheit wusste er Bescheid. Nach einem Jahre erzählte der sonst artige und bescheidene Junge die Geschichte genau so ohne jede Abweichung. Es zeigte sich damit, dass er schließlich an seine eigene Erzählung in gewissem Sinne glaubte, sonst hätte er sie sich nicht so gut merken können, denn an sich haben Lügen nach dem Sprichwort bekanntlich kurze Beine. Auch hierbei handelt es sich um eine psychologische Tatsache, die wir beim ausgereiften Hochstapler wieder treffen werden.

Das beliebte Märchenerzählen, das deshalb erzieherisch nicht immer nützlich oder auch nur harmlos ist, wiegt das Kind auch leicht in eine phantastische Welt, in der es sich dann auch bei anderen realeren Gelegenheiten zu bewegen liebt. Die Lektüre der Märchen macht dem Kinde begreiflich, dass es eine Welt des Scheins, der Unwirklichkeit gibt, die unmittelbar in das Reich der Unwahrheit, der Lüge hinüberleitet. Man kann staunen, wie kleine Kinder uns schon ganz genau sagen, dass der Inhalt der Märchenerzählung vollständig unwahr und unwirklich ist. Der siebenjährige Goethe erzählte seinen Mitgespielen das Märchen »Der neue Amadis«. Dabei berichtete er auf Wunsch seiner Zuhörer in eigener Person, als ob ihm selber alle diese wunderlichen Dinge begegnet wären. Über die moralische Bedeutung dieses Fabulierens sagt er im zweiten Buche von »Wahrheit und Dichtung«: »Wenn ich nicht nach und nach, meinem Naturell gemäß, diese Luftgestalten und Windbeuteleien zu kunstmäßigen Darstellungen hätte verarbeiten lernen, so wären solche aufschneiderische Anfänge gewiss nicht ohne Folgen für mich geblieben.« Er sagt dies, obwohl er hinzufügt: »Übrigens war ich der Lüge und der Verstellung abgeneigt und überhaupt keineswegs leichtsinnig.« Hier finden wir eine hochstaplerische Verknüpfung angedeutet, die zur Dichtung und zum Dichter hinüberführt. Es wird noch davon zu sprechen sein.

Schon in das kriminelle Gebiet spielen folgende Vorfälle hinüber. Ein kaum fünfzehnjähriges Mädchen brachte 1901 in Hirschberg einem alten Manne den Glauben bei, dass ihn eine schöne junge Dame aus reicher und angesehener Familie liebe und heiraten wolle. Fast täglich überreichte die kleine Schwindlerin ihm zärtliche Liebesbriefe, die sie alle selbst geschrieben hatte, und entlockte ihm Geld zum Ankauf von Geschenken für die »Braut«. Als der Betrogene Verdacht schöpfte und nicht mehr freigebig war, erhielt er von der »Schönen« noch ein Brieflein mit den verheißungsvollen Anfangsworten: »Sie sind ein alter Esel!« Man möchte sagen, dass in diesem kleinen Mädchen der Typus der Heiratsschwindlerin, wie wir ihn noch genauer kennen lernen, vorgebildet erscheint.

Noch drastischer ist der nachstehende Fall. Im Juni 1915 machte in Berlin-Wilmersdorf eine Frau dem Leben ihrer beiden Kinder ein Ende und gab sich auch selbst den Tod. Bald darauf erhielt der Witwer und Vater dieser Kinder einen Brief, dessen Schreiber sich als Detektiv ausgab und mit schrecklichen Enthüllungen über das Familienleben drohte, das die unglückliche Mutter in den Tod getrieben habe, wenn der Witwer nicht 400 bis 500 Mark an einem bestimmten Grabe des Friedhofes niederlegen würde. Zu derselben Zeit erlitt ebenfalls in Wilmersdorf ein Postdirektor einen Straßenbahnunfall. Wenige Tage darauf ging ihm ein Brief zu, in dem ihm »ein verfolgtes Mädchen«, das von einer Verbrecherbande festgehalten werde, mitteilte, dass man ihm nach dem Leben trachte, dass von einem Straßenbahnunfall, wie die Zeitung berichte, gar keine Rede sein könne, vielmehr der Fahrer der Straßenbahn, der ebenfalls der Verbrecherbande angehöre, ihn habe absichtlich totfahren wollen. Er möge ihr am Grabe Nummer 102 (dem anderen Grabe benachbart) 400 Mark niederlegen, damit sie entfliehen und zu ihren Eltern zurückkehren könne; zum Danke werde sie die Verbrecher entlarven. In dem Briefe lautete es u.a. wörtlich: »Ich bin, vielmehr ich war die Geliebte dieses Schurken. Ich lernte ihn bei einer Ballfestlichkeit kennen; doch nur zu bald erkannte ich, dass ich in die Hände einer Verbrecherbande gefallen war, deren Anführer mein Geliebter war ... Ich leiste meinen Schwur darauf, Sie nicht wieder zu belästigen. Falls Sie aber meine Forderung nicht erfüllen, verlieren Sie Ihre Frau (die nach dem Zeitungsbericht im Krankenhause lag). Ich stehe mit den Ärzten im Krankenhause in Verbindung, und dieselben werden nicht zögern, Ihrer Frau falsche Medizin zu geben. Denn wer im Krankenhause stirbt, wird nicht weiter untersucht.« Und wer war diese Hochstaplerin und Erpresserin? Eine kleine Dreizehnjährige, Tochter einer von ihrem Manne getrennt lebenden Arbeiterin, ein recht intelligentes Mädchen, eine der besten Schülerinnen ihrer Klasse, eifrige Leserin von Detektivromanen. Der Gerichtsarzt äußerte in seinem Gutachten: »Sie ist weder geisteskrank noch geistesschwach. Sie ist ein einsiedlerischer Geist, und ihre liebste Unterhaltung ist es, ihrer Phantasie freien Lauf zu lassen. Sie macht durchaus nicht den Eindruck der Frechheit oder Abgebrühtheit, ist vielmehr bescheiden und gesittet in ihrem Wesen. Sie zählt zu den degenerativen Phantasten.«

Eine Reihe neuer Tatsachen der Psychologie des Hochstaplers lernen wir hier kennen. Der Hochstapler neigt außer zu Betrug zu verwandten Delikten, so zu Erpressung, Fälschung und auch zu Diebstahl. Der Erpresser arbeitet mit falschen Vorspiegelungen, die er in die erpresserischen Drohungen einkleidet. Die Fälschung ist eine geschriebene falsche Vorspiegelung, und der Dieb bedient sich vor allem der Heimlichkeit. So treffen wir einige Hochstapler zugleich als Hotel- und Juwelendiebe. Weiter zeigte sich, dass die hochstaplerische Anlage, gewissermaßen in Anlehnung an die Dichtung, sich schriftlich, ja, wie wir sehen werden, schriftstellerisch offenbaren und betätigen kann. Erst fanden wir die Stilübungen der kleinen Heiratsschwindlerin und auch im letzten Beispiele abermals Stilübungen mit Entlehnungen aus Detektivromanen. Endlich offenbarte sich der Phantast als mit pathologischem Einschlag behaftet.

Aus der psychologischen Breite des normalen Menschen münden in die Geistesverfassung des Hochstaplers noch eine Reihe weiterer Strebungen. Wir gedenken der Aufschneidereien von Jägern, Studenten, Hochtouristen, Reisenden u.a. Jeder Mensch kann Andeutungen an sich selbst erfahren. Man braucht, um im Kreise von Bekannten und Freunden zu glänzen, die Ergebnisse seiner Jagden, die Erfolge seiner Mensuren, seine Erlebnisse in der Fremde nur einmal etwas ausgeschmückt zu haben und wird sich leicht verleitet fühlen, sie bei wiederholten Erzählungen immer weiter und weiter auszumalen. Schließlich kommt ein Zeitpunkt, da man überhaupt nicht mehr weiß, ob und inwieweit man das Erlebnis nur ausschmückte oder etwa gar ganz frei erfand. Es braucht sich gar nicht um Jagd- und Sportberichte zu handeln. Man erlebt zufällig irgendeinen – erhebenden, erschreckenden oder witzigen – Vorfall und erzählt ihn. Der Dichter oder Witzbold in uns schmückt ihn dabei aus. Das geschieht zunächst fast ganz unwillkürlich, eine Redewendung gibt die andere. Man fügt eine witzige Wendung, einen Effekt hinzu, die Aufmerksamkeit oder Heiterkeit bei unseren Zuhörern erregen. Eine Eitelkeit kitzelt uns, den Bericht immer in dieser gefärbten Darstellung zu geben, ja, gelegentlich weiter – bis zur Übertreibung – auszuschmücken. Prüft man sein Gedächtnis nach einiger Zeit, so weiß man selbst nicht mehr, ob man und was man hinzugefügt hat. Es gibt Augenblicke, wo wir uns einbilden, den Vorfall so erlebt zu haben, wie wir ihn berichten. Solche Vorkommnisse können uns täglich begegnen. Ähnliches widerfährt uns bei der sogenannten Notlüge, wenn man, um sich gewissermaßen selbst zu rechtfertigen, nicht die ganze, sondern nur die halbe oder eine scheinbare Wahrheit sagt. Meist bleibt man sich dessen bewusst, zuweilen aber betrügt man sich halb und halb selbst und glaubt fast, die volle Wahrheit gesagt zu haben. Oder man behauptet im Eifer einer Auseinandersetzung übereilt und fast gutgläubig Dinge, die man danach bei ruhiger Überlegung nicht aufrechterhalten kann. Da sieht man, wie der sogenannte gute Glaube durch den lebhaften oder erregten Affekt hervorgerufen und getragen werden kann. In allen diesen Fällen ragen wir psychologisch in die Geistesverfassung des Hochstaplers hinein. Das Gedächtnis für die Wirklichkeit wurde durch den Dichter in uns getrübt. Aber gut bleibt die Erinnerung für die Einzelheiten der unwahren Ausgestaltung; deshalb erzählen wir den Vorfall immer nur in der unwirklichen Ausschmückung, ohne uns kaum zu widersprechen und zu verraten. Ähnliches begibt sich beim Hochstapler. Man erkennt, wie eigentlich in uns allen eine Begabung, ein Talent zum Hochstapler steckt, das der wirkliche Betrüger durch Übung in wirkungsvoller Weise ausbildet und zu oft faszinierender Geltung bringt. Dabei spielt, wie wir schon sahen, die Phantasie eine Rolle. Ein erfolgreicher Hochstapler ohne Phantasie ist unmöglich.

Es gibt Berufsklassen und Charaktere, die in auffälliger Weise zu solchen Aufschneidereien geradezu gewohnheitsmäßig neigen. Der Jäger und Sportsmann, der Student und der Reisende wurden schon erwähnt. Auch der Offizier des alten Regimes gehört hierher, der meist Jäger oder Sportsmann war. In gewissen Kaufmannskreisen pflegt man zum Zwecke der Geschäftsreklame auch in Unbedeutenheiten des Privatlebens aufzuschneiden. Zu vergessen sind nicht die Künstler aller Art, voran die Bühnenkünstler, Sänger und Schauspieler. Ehrgeiz und Intrigue, die ihren Beruf umgeben, machen sie im Leben zuweilen unwahr. Das Aufschneiden wird ihnen sehr leicht, da sie berufsmäßig gewohnt sind, eine »Rolle« zu spielen. Hier treffen wir auf ein neues künstlerisches Moment in der hochstaplerischen Begabung. Der Bühnenkünstler spielt auch im Leben gern Komödie, er hält dies zur Stütze seines Ansehens und Ruhmes sogar öfter für notwendig. So gibt es Charaktere, die in gewissem Sinne ein »Doppelleben« führen, wie es dem Hochstapler nachgesagt wird. Schon bei der Schuljugend kann man es finden, wie bereits gestreift wurde. Schulkameraden belügen sich jahrelang in einer Weise, dass man an ein zwar immer noch harmloses, weil nicht kriminelles, aber doch gefährdendes Ausleben nicht wirklicher Abenteuer denken muss. Das Unwahrhaftige kann, zumal in der Tugend, wo der Charakter sich erst allmählich entwickelt, aber noch nicht befestigt, die Geistesverfassung derartig überwuchern, dass über die Lippen solches jungen Menschen schließlich kein wahres Wort mehr kommt. Wenn er den Mund auftut, lügt er. Manche Jugendliche machen geradezu eine Periode solcher gewohnheitsmäßigen Unwahrhaftigkeit durch. Manche nehmen sie ins Mannesalter mit hinüber und kommen ihr ganzes Leben lang aus dem Lügennetze nicht heraus. Zumal das erotische und sexuelle Gebiet gibt Veranlassung zu einem gewissermaßen hochstaplerischen »Doppelleben«. Der Verheiratete hat eine Geliebte, mit der er Theater und Konzerte besucht, Reisen unternimmt, geistige Beziehungen unterhält. Der betrogenen Gattin gegenüber muss er sich, wie aus einer fremden Welt kommend, immer erst wieder auf die mit ihr erlebten Wirklichkeiten umstellen, um sich nicht zu verraten. In der Don-Juan-Gestalt steckt ein larvierter Hochstapler. Der bankrotte Kaufmann führt vor Geschäftswelt und Familie ein Doppelleben, treibt verschwenderischen Aufwand, kleidet Frau und Tochter in Samt und Seide, richtet die Hochzeit der Tochter in pompöser Weise aus und meldet drei Tage später Konkurs an.

Man sieht, dass das tägliche Leben eine Fülle von Erscheinungen bietet, aus denen uns die Psychologie schließlich zum Hochstapler hinüberleitet, dessen innerstes Wesen uns damit immer weniger befremdlich, sondern immer greifbarer und verständlicher erscheint. Wichtige Züge führen zu den hochstaplerischen Seelenquellen. Der Hochstapler hat aus Eitelkeit, wenn nicht aus einem eigenartigen, inneren Bedürfnisse heraus Freude an seiner Schwindelei, wie

Jäger, Hochtourist usw. an ihren übertriebenen Abenteuerberichten. Eben diese Lust am Schwindeln, mit der sich nach bekannten psychologischen Gesetzen meist auch eine mehr oder minder ausgedehnte Fähigkeit dazu verbindet, wird beim Hochstapler zu einer wichtigen Triebfeder seiner Betrügereien. Alle lustbetonte Betätigung löst Fähigkeiten aus, die sonst verborgen bleiben. Aufmerksamkeit und Willen werden geweckt und auf sie hingelenkt. So entwickeln sich in ganz natürlicher Weise das hochstaplerische Talent und die oft erstaunliche hochstaplerische Willensenergie. Die Natur macht auch hier keinen Sprung.

Schließlich kann das Schwindeln für den hochstaplerischen Menschen unmittelbar Bedürfnis werden und nimmt in pathologischen Fällen, wo Instinkte und Triebe freier spielen, einen geradezu triebartigen Charakter an. Hierfür ein Beispiel aus meiner eigenen ehemaligen staatsanwaltschaftlichen Berufstätigkeit.

Ein Heiratsschwindler, ein gelernter Drogist, von der Gattung der »pathologischen Schwindler«, gab sich regelmäßig für einen praktischen Arzt aus. Wenn er die Verbindung mit einem Mädchen genügend ausgenutzt hatte und ihrer überdrüssig war, verschwand er und schrieb, um seine Spur »auf immer« zu verwischen, unter dem Namen seines Bruders, den er zur besseren Beglaubigung zum Stabsarzt machte, der verlassenen Braut einen Brief des Inhalts, dass er gestorben sei. Nur so glaubte er sich vor den Verfolgungen der liebenden Mädchen sicher. Ein solcher Brief lautete wörtlich folgendermaßen:

»Sehr geehrtes Fräulein! Endlich bin ich in der Lage, Ihnen die traurigste aller Mitteilungen zu machen. Am 22. September d. J., abends ½ 8 Uhr, entschlief nach kurzem, aber schwerem Leiden unser innig geliebter Bruder, der Dr. med. (folgt Name), im Alter von 32 Jahren. Er hat sich in seinem Leben ein dauerndes Andenken erworben (er kam zum vierten Male ins Zuchthaus!) und sieht eine halbe Welt trauernd an seinem Grabe. Denn er war ein Freund der Armen und suchte in allen Formen das Los der ärmeren Klassen zu verbessern (dabei betrog er meist Mädchen aus den einfachen Kreisen!). Die Beerdigung fand unter den Klängen der Militärmusik des 11. Regiments am 25. September statt (er war wegen der Zuchthausstrafen aus dem Heere ausgestoßen!). Eine lange Reihe von 85 Wagen folgte, ohne die Fußgänger, diesem teuren Entschlafenen ans Grab, wo vom Herrn Pastor eine ergreifende Grabrede gehalten wurde. Vor seinem Ende schluchzte er: ›O, meine liebe, gute Martha (so hieß nämlich die verlassene Näherin), könnte ich dich noch einmal an meine Brust drücken. Du liebes Kind, ich nehme im Geiste von dir Abschied!‹ Dann gleich nach diesen Worten streckte er sich noch einmal aus, gab mir stumm die Hand und schloss seine Augen in der Hoffnung auf ein Wiedersehen im Jenseits. Glauben Sie mir, mein liebes Fräulein, es hat mein Herz samt meiner Familie tief erschüttert, den hoffnungsvollen Bruder so zeitig ins Grab senken zu müssen. Denn er war der Liebling aller, die mit ihm im Verkehr standen. Ich werde mir erlauben, Sie im November auf einer Durchreise zu besuchen (kam aber nicht!), um Ihnen eine große Schleife, von seinen Freunden gespendet, mitzubringen, die um ihrer Schönheit willen nicht mit ins Grab gelegt wurde. Denn im ganzen waren es 105 Kränze mit 78 großen und kleinen Schleifen.«

Ich versichere ausdrücklich, dass ich an dem Briefe meines Hochstaplers kein Wort, vor allem keine Ziffer geändert, sondern nur die orthographischen Fehler dieses hoffnungsvollen Mediziners verbessert habe. Wie ich als damaliger Staatsanwalt diesen Mann kannte, sehr gut kannte, so lebte er beim Schreiben dieses Briefes in einem glückseligen Gefühl. Es tat ihm unendlich wohl, so ehrenvoll begraben zu werden. Mit Tränen in den Augen hat er wahrscheinlich Augenblicke lang geglaubt, sich eingeredet, ach, so gern eingeredet, er sei wirklich dieser Liebling aller, der sich ein dauerndes Andenken erworben habe. Es war sein Wunsch, seine innerste Sehnsucht, dass es so sein möchte. Wir hörten ja schon, dass der Hochstapler selbst so gern an seine Schwindeleien glaubt, dass er sie vorübergehend für wahr halten kann. Wir wunderten uns darüber. Jetzt lernten wir einen tiefsten Untergrund seiner Gläubigkeit kennen: die innerste Sehnsucht. Der Hochstapler lebt beim Schwindeln in einer anderen Welt, die im Gegensatze zu der rauhen Wirklichkeit seines eigentlichen nüchternen Daseins steht. Er ist ja Phantast und zaubert sich mit Hilfe seiner Phantasie diese schöne Welt des Scheins hervor. Nur begnügt er sich nicht mit der bloßen Vorstellung von ihr, sondern versucht sie in seiner Umgebung – auf Kosten der Mitwelt – zu realisieren. Es ist derselbe Zug, den wir schon in der Kinderpsychologie kennenlernten. Der Junge, der vor dem Dorfhund Reißaus nimmt und dann seine Heldentat verbreitet, und der andere, den sein Weihnachtstisch enttäuscht hat, fallen uns ein. Auch sie handelten aus einer gewissen Sehnsucht. Die meisten Menschen sind Illusionisten, der Hochstapler auch. Was wäre der Mensch, was die Menschheit ohne Illusionen? Und haben sich nicht viele Illusionen, in denen die Menschheit aus innerer Sehnsucht sich wiegt, religiöse und philosophische, moralische und politische, als Scheinwelten erwiesen, wie der Hochstapler sie zu schaffen versucht? Gab und gibt es nicht auf diesen Gebieten Illusionisten, die vom Hochstapler nicht weit entfernt wandeln? So flüchtet der Hochstapler so gern in diese schöne, für ihn bessere Welt, eine Sehnsucht treibt ihn immer wieder in sie zurück, deshalb wird er immer von neuem straffällig. Dieser Umstand ist wichtig.

Und auch der Psychologie des Märchens, die wir schon streiften, dürfen wir uns erinnern. Heute wie je gibt es Menschen, die ein Doppelleben führen, eines in der wirklichen Welt als Schneiderinnen, Schreiber, Anstreicher oder Straßenkehrer, mit Hilfe ihrer Phantasie noch ein zweites Leben als Königin, Prinzessinnen, Minister, Feldherren, als Erfinder und Entdecker, als hochbegnadete Künstler, denen nur die Technik fehlt. Viele Menschen bauen sich noch als Erwachsene eine erträumte Märchenwelt auf, in die sie aus ihrem armseligen Dasein flüchten. Vom selbstgeschaffenen Märchenglanze erfreut, fühlen sie dann Kraft, ihr Dasein wenigstens fortzusetzen.

Auch der Hochstapler flüchtet in die Märchenwelt. Er geht einen Schritt weiter und sucht sie in seiner eigenen Weise zu realisieren. Vor allem das Märchen vom Tischlein, deck dich! hat es seiner Genusssucht angetan.

Neben der Sehnsucht macht sich ein Widerspruch, ein Protest bemerkbar. Der Hochstapler, der meist aus dürftigen Verhältnissen kommt, lehnt sich auf gegen die ungleiche Verteilung der Güter des Lebens. Er findet in ihr eine Ungerechtigkeit, die er wenigstens zu seinen eigenen Gunsten – nicht durch ehrliche Arbeit, sondern durch Betrügereien – zu bekämpfen unternimmt. In solchem Zustande ist der Mensch am stärksten geneigt, dem Gesetze des kürzesten Weges zu folgen. So findet sich in der Psychologie des Hochstaplers leicht ein – freilich unwahrer – sozialpolitischer Zug, den wir auch in dem Briefe unseres Drogisten entdecken, der für das Wohl der ärmeren Klassen sich aufzuopfern vorgibt, während er in der Wirklichkeit sie schädigte. Ebenso verbirgt sich erfahrungsgemäß hinter manchem auffälligen sozialen Bekenner und Wohltäter ein maskierter Hochstapler. Und auch als Bannerträger der Revolution sind uns Schwindler, die sogenannten Revolutionsschwindler, bekannt geworden, denen das Massenungetüm gegenübersteht, unfähig, logisch und kompliziert zu denken. Die Masse kann selbst nur von Illusionen leben, deshalb liebt sie diese Illusionen und will betrogen werden.

Neben jenem eben erwähnten Protest kommt auch der Wunsch zur Geltung, ein lustbetontes Konzentrationsobjekt zu finden. Menschen, denen es irgendwie schlecht geht, körperlich oder seelisch, suchen immer nach solchen Gegenständen, mit deren Hilfe sie unangenehme Vorstellungen verdrängen. Wie der Philosoph sein Unbehagen der unverständlichen Welt gegenüber, so verdrängt der Hochstapler mit Hilfe seiner realisierten Phantasie seine Verzweiflung über sein Elend.

Andere Triebfedern des berufsmäßigen Betrügers sind Eitelkeit und Genusssucht. Es kitzelt ihn unendlich, eine Rolle zu spielen und die materiellen Freuden des Daseins zu genießen. Hiervon wird noch zu reden sein. Die Eitelkeiten des Hochstaplers grenzen vielfach an das Lächerliche und seine Daseinsfreuden bestehen fast nur in Genüssen des Magens und des Erotisch-Sexuellen.

Endlich fanden wir in dem Briefe unseres Drogisten wieder die schon mehr erwähnte schriftliche ja schriftstellerische Lüge. Ein gehobener Stil trägt die Darstellung. Sie kann auch mündlich vorgetragen werden, dann bedarf es der rednerischen Kunst. Der erfolgreiche Hochstapler muss auch Rhetoriker sein. Wenn ich als Staatsanwalt amtlich mit Hochstaplern zu tun hatte, gab ich ihnen gern Gelegenheit, sich zwanglos auszusprechen. Das gab ihnen willkommenen Anlass, sich zu entfalten, wobei ich auch als öffentlicher Ankläger auf meine Kosten kam. Die Herren gewannen zu mir Vertrauen und legten mir ihre Lebensauffassung so unverhohlen bloß, dass es meist nur weniger Fragen bedurfte, um die mir wichtigen Geständnisse zu erlangen. Die Redegabe des Hochstaplers wird schließlich zur Geschwätzigkeit.

Ich habe Darstellungen zu hören bekommen in einem oft hinreißenden Redefluss. Dabei macht sich auch der uns aus der Kinderpsychologie bekannte motorische bloße Drang, die Sprachwerkzeuge zu bewegen wundersam geltend. Der echte Hochstapler ist Sanguiniker, vor allem seine motorischen Nerven treiben immer ihr Spiel und bedürfen stets der anregenden Tätigkeit. So kommt ein Teil der erschwindelten Darstellung auf dieses ungeheure Bewegungsbedürfnis der Sprachorgane wie beim Diebe die motorischen Nerven von Hand und Arm eine Rolle spielen. Diese gewissermaßen mehr körperlichen Fähigkeiten der Verbrecher haben in der Kriminalpsychologie noch nicht die rechte Beachtung gefunden. Die rhetorische Entfaltung des Hochstaplers enthüllte dann sein grenzenloses Bedürfnis, seinem Innern wieder einmal freien Lauf zu lassen und vor einem zu Studienzwecken allerdings besonders andächtigen Zuhörer zu glänzen. Solche Menschen kommen aus dem Hundertsten ins Tausendste, sie sprechen halbe, ganze Stunden lang, ohne sich zu erschöpfen. Wie in der Dichtung oft der Reim, also ein Äußerliches, die schönsten Gedanken und glänzendsten Bilder dem Poeten entlockt, so die Beweglichkeit der Sprachwerkzeuge dem Betrüger die glänzende Schilderung mit der hinreißenden Überzeugungskraft. Es gibt nichts, was er mit seinen Lügen nicht glaubhaft zu machen versuchte. Er lügt, wie man recht treffend zu sagen pflegt, das Blaue vom Himmel herunter. Man spürt es, wie er in der Entfaltung seiner gefährlichen natürlichen Gaben schwelgt, wie er beinahe dankbar ist, dass jemand ihn anhört, ohne dass er sich strafbar zu machen braucht. So entsinne ich mich eines schweren Verbrechers, der mir von seiner besseren Jugendzeit erzählte und mich glauben machen wollte, er – der kein Studierter war – habe in seinem Heimatdorfe, als der Pfarrer krank gewesen sei, von diesem beauftragt, eines Sonntags in der Dorfkirche gepredigt. Auf meine Zweifel bestürmte er mich, diese Predigt, die er unvergessen im Gedächtnis behalten habe, mir wiederholen zu dürfen. So ließ ich ein gutes Stück dieser Predigt über mich ergehen. Sie bestand in der Hauptsache aus Reminiszenzen an Gefängnispredigten; aber auch aus ihnen klang es mir wie eine laute Sehnsucht nach einem anderen Dasein heraus.

Jener menschliche Verstellungsinstinkt, von dem wir alle einen Teil mitbekamen, äußert sich, wie wir wiederholt sahen, schon im Alltagsleben. Sehr viele Menschen, vielleicht die meisten, haben Bedürfnis und auch Anlass, vor der Welt anders zu erscheinen als sie in Wirklichkeit sind, und als mehr zu erscheinen als sie sind. Ein Gesetz des Scheins regiert Leben und Welt. Es ist hierfür wahrscheinlich sogar eine gewisse Notwendigkeit gegeben. Wenn sich jeder ohne weiteres jedem als der offenbaren würde, der er in Wirklichkeit ist, so könnte er sich dadurch – mit seinen offenbarten Schwächen – leicht bloßstellen, er würde Schaden leiden, müsste sich Vorteile entgehen lassen, kurz, er würde im Leben schwer vorwärtskommen. So haben wir alle in Wandel und Handel das Bedürfnis, uns in irgendwelcher Richtung – im Beruf wie im Privatleben – zu verhüllen. Es gibt keine unbedingte

Pflicht zur Offenbarung der Wahrheit, kein bedingungsloses Recht auf sie. Dieses Gesetz hat das Volk über sich aufgerichtet. Der Kaufmann kann nicht verpflichtet sein, dem Käufer alle Einzelheiten seines Warenerwerbes darzulegen. Der Rechtsanwalt, der für seinen Auftraggeber einen Prozess führt, darf dem Gegner nicht die Schwächen seiner Klage mitteilen. Selbst der Arzt darf dem Kranken unter Umständen den ungünstigen Verlauf der Krankheit verschweigen. Dieselben Grundsätze gelten in Angelegenheiten der Allgemeinheit. Der Staatsmann wird sich in der äußeren Politik den Vertretern anderer Nationen gegenüber häufig in Schweigen zu hüllen haben. Im Kriege gehen von alters her Kraft und List nebeneinander her. Homer hat nicht ohne Grund Odysseus, den listigen und verschlagenen, neben Achill gestellt, das Urbild der Kraft. So erscheint unser Alltagsleben oft als Mummenschanz, auf dem wir alle Masken tragen. An dieser Welt des Scheins hat der eine mehr Freude und Gefallen als der andere, und der eine auch mehr Geschick und Talent, sich zu verhüllen, als der andere. Es gibt Menschen, die mehr oder minder verhüllt durch ihr ganzes Leben gehen. Viele legen die Maske niemals ab. Wir sprachen schon von diesen Trägern eines Doppellebens, die in allen Gesellschaftsschichten sich finden. Während der Kriegsjahre gingen viele Charaktere so weit, ihre innerste Gesinnung zugunsten der öffentlichen zu verfälschen und zu verheimlichen, und hoben zugunsten des Staatswohles den Superlativ auf das Schild. Nur so glaubten sie die Tragik zu ertragen, dass sie als Individuum, als ein Persönliches mit eigenen Empfindungen, Neigungen und Zielen, sich an das Unpersönliche, an die Gesellschaft, die Klasse, an den Staat geschmiedet sahen.

In diese Welt des Scheins, die ihn überall sichtbar umgibt, stellt sich der Hochstapler mit seinen Wünschen und Fähigkeiten hinein. Mit Hilfe der Gesetze dieser Welt des Scheins, die er zu seinem Vorteil erweiternd ausdeutet, erringt er seine Erfolge, täuscht er seine Mitmenschen. Der Schein regiert die Welt, die Welt will seit alters her getäuscht sein; vult decipi mundus. Der Hochstapler narrt die Welt, straft die Mitwelt an ihren eigenen Schwächen.

Ja, man kann weiter gehen und sagen, dass der Hochstapler ohne eine gewisse darstellerische schauspielerische Gabe gar nicht auszukommen vermag. Auch diese Befähigung kommt aus der Breite der normalen Psychologie herüber. In dem Darstellerischen kommt der Nachahmungstrieb zur Geltung, den die Natur schon dem Tiere, dem kleinen Kinde einpflanzte. Wo wäre die menschliche Kultur ohne Nachahmungstrieb geblieben? Die ganze Erziehungslehre gründet sich auf den Trieb des Kindes zur Nachahmung. Der Mensch ist, wie der Affe, ein nachahmendes Wesen, aber er hat mittels der Nachahmung eine bewunderungswürdige Weltkultur aufgebaut. Es gibt Menschen, die mit der Nachahmung eine Darstellungsgabe entwickeln, die sich erfolgreich des Formensinnes in Mode, Kleidung und Auftreten bemächtigt. Ein Teil unserer Umgangssitten hat theatralische Bedeutung. Wer kennt sie nicht, die theatralischen Menschen, die sich erfolgreich zu den

Komödianten des Lebens entwickeln können? Aus diesem immer fließenden Born schöpfen die großen Hochstapler und muten in ihrem Auftreten geradezu als Schauspieler an. Schauspieler und Hochstapler verfügen wie manche Medien über die Gabe der Autosuggestion, mit deren Hilfe sie sich selbst »in Szene« zu setzen vermögen. Als Unterlage dient dem Bühnenkünstler der Text des Dichters, dienen dem Hochstapler seine eigenen Phantasien. Da ist das täuschende, gefällige Mienenspiel, das offene, ehrliche Auge, die bestrickende Liebenswürdigkeit, die wohllautende Sprache, die gewandten Bewegungen, das ganze Auftreten mit seiner bestechenden, oft faszinierenden Sicherheit, die geschmackvolle Kleidung, zuweilen sogar Kostüm in Gestalt von Uniform, Diplomatenrock, Priestergewand usw. Vor allem das Fremdländische in Kleidung, Sprache und Auftreten besticht. Dazu noch der individuelle Reiz der Persönlichkeit, der ja auch dem wirklichen Schauspieler zu seinen Erfolgen verhilft. Der Hochstapler ist nicht selten mit solcher persönlichen Eigenart ausgestattet, die auf disponierte Gemüter geradezu eine Suggestion, ja eine Massensuggestion auszuüben vermag. Die eigentümliche Mischung seines ganzen Wesens aus Wahrem und Unwahrem, die seltsame Verschmelzung von Sympathischem und Unsympathischem, die Verwebung von Bewunderung und Scheu, die er erweckt, verleihen ihm den Charakter des Dämonischen, durch Temperament und Triebhaftigkeit seiner Natur verstärkt. Die merkwürdige Suggestivkraft dieses Dämonischen auf den einzelnen wie unter Umständen auf die Masse liegt in der fast monomanisch wiederholten, mit übermenschlicher Glaubenskraft vorgetragenen Darstellung, die sich den Seelen ihrer Umgebung geradezu einbrennt. Und was ihr die außerordentliche Färbung gibt, das Seltsame, Wunderbare, Überraschende, Sensationelle, ja selbst Bizarre, gerade das wirkt faszinierend und weckt Interesse und Beifall. Credo quia absurdum – das ist zwar kein Prinzip der Logik, wohl aber ein Grundsatz der psychologischen Lehre von der Suggestion.

Wie an den Dichter grenzt der Hochstapler mit gewissen Zügen seines Wesens auch an den Schauspieler. Das ist das zweite künstlerische Moment, das wir in seiner Begabung antreffen. So baut sich das Bild und der Charakter des Hochstaplers immer mehr auf der breiten Grundlage der normalen Psychologie auf. Wertvolle, unentbehrliche menschliche Strebungen münden in seine Geistesverfassung ein und tragen sein ganzes Wesen. Selbst höchste Schaffenskräfte des Menschengeistes helfen ihm, seine Erfolge zu erringen. Erst in solcher Forschungsmethode erfüllt die Kriminalpsychologie ihre Forschungsaufgabe. Sie soll sich nicht als reine Fachwissenschaft isolieren und das Besondere, das der Verbrecher aufweist, zu sehr betonen. Das führt zu einer unrichtigen und meist nicht gerechten Beurteilung des Rechtsbrechers. Sie soll die Züge finden und erklären, die dem Verbrecher mit dem allgemeinen Menschenbilde gemeinsam sind. Ich habe von Anfang an in meinen Werken der Kriminalpsychologie diesen Weg gewiesen und deshalb auf die Erklärung von Verbrechergestalten bei unseren Dichtern (Sophokles, Shakespeare Goethe, Schiller, Ibsen, Gerhart Hauptmann) so großen Wert gelegt, weil sich bei ihnen die verbrecherischen und rein menschlichen Züge in klarer Offenbarung vereinigt finden.

II.

Wir können die Stufenleiter der hochstaplerischen Typen von den bescheidenen Anfängen bis zu den Höhen der weltgewandten internationalen Gauner hinauf verfolgen.

Da gibt es hochstaplerische Anfänge, die selbst der Gebildete und Besitzende am liebsten für erlaubt halten möchte und welche die geheime Lust am Schwindeln recht deutlich vor Augen führen. Ein berühmter Kammersänger erzählte mir, dass er von seinen Gastspielreisen oft geschmuggelte Waren unter seinen Theaterkostümen über die Grenze gebracht und den Zollbeamten durch die obenaufliegende unendliche Kette seiner prächtigen Orden und Medaillen in Verwirrung versetzt habe. Was ist das anders als Hochstapelei mit Kostüm und Orden? Beim Paschen und Schmuggeln verrät auch der harmlose Untertan, dass in ihm eine fast eingeborene Befähigung zum Hochstapler steckt. Da ist's denn kein Wunder, dass in Maschinenteilen, in ausgehöhlten Geräten, in Teerfässern geschmuggelt wird; dass Frauen, dank ihrer Kleidung noch besser gestellt als Männer, eigens zugerichtete Kleider benutzen, die sie bei allen Extremitäten hübsch süß – mit Sacharin – unterlegen, dass ein Orchester der Heilsarmee die Grenze, angeblich um zu konzertieren, überschritt, während es verkleidete Pascher waren, die in ihren Trommeln, in den Pauken und in den Blechinstrumenten erhebliche Mengen Gummi von Dänemark nach Schweden hinüberführten. Auch der ehrliche Staatsbürger halte fest: das Paschen ist eine Vorschule der Hochstapelei!

Ein junger Schneider, schon mehrfach vorbestraft, trat als Heiratsschwindler auf. Er legte sich den Grafentitel bei und legitimierte sich durch eine Visitenkarte mit einer goldenen Krone und dem wohlklingenden Namen Graf Erasmus Hobenstedt-Fehlen, Studiosus juris. So betörte er Mädchenherzen und war bald mehrfach verlobt. Wir merken schon, es ist der Schneider, der das Märchen vom Grafen realisiert. Dazu ein kleiner Ausflug in Försters farbiges »Alt-Heidelberg«. Regelmäßig wollten seine hohen Verwandten von einer Verbindung mit einem bürgerlichen Mädchen nichts wissen, ja, sie waren so empört, dass sie dem Liebenden den Monatswechsel entzogen. Da halfen dann die meisten der gutherzigen Mädchen mit Geld vorübergehend reichlich aus. In blau-gelb-rotem Studentenband und Mütze führte er die Damen – jede einzeln natürlich – in eine Kneipe, wo er einen mit Fähnchen in den gleichen Farben geschmückten Stammtisch etabliert hatte. Hörten die Mädchen dort, wie der Kellner den Bräutigam als »Herr Graf« anredete, so öffnete sich ihr Geldtäschchen von neuem. Um die Gelegenheit genügend auszunutzen, richtete der Schneider-Graf bald in mehreren Kneipen solche farbenfreudige Stammtische für sein angeblich demnächst dahin übersiedelndes Korps ein, bis eine der Bräute doch Verdacht schöpfte, die beflaggten Tische bewacht wurden und der Herr Graf in die Falle ging. Das Kostüm, dessen dieser jugendliche Hochstapler bedurfte, ist mit Studentenmütze und Couleurband angedeutet. Die Visitenkarte mit der Krone ist ein beliebtes Requisit. Sie wirkt unfehlbar. Was man schwarz auf weiß besitzt! Und der Hotelangestellte erscheint schon hier als unfreiwilliger Gehilfe bei der Betrugskomödie.

Beliebt und wirkungsvoll ist das Auftreten als angeblicher Beamter. Von falschen Kriminalbeamten konnte man in den letzten Jahren fast alle Tage in den Zeitungen lesen. So unbeliebt sie auch in der Republik sind, Beamte machen in Deutschland immer noch außerordentlichen Eindruck. Man ahnt nicht, wie begehrt dabei in der neueren Zeit die Stellen von unteren und mittleren Beamten sind. Deshalb fühlt sich der Betrüger aus dem Volke auch so leicht und gern in diese Rolle ein und »markiert« sie so täuschend. Vielleicht erlebt er dabei auch eine Art Wunscherfüllung wie im Märchenlande. Und seit sich in gewissen Beamtenkreisen leider selber nicht wenige Betrüger und Unredliche finden, ist ihre Rolle natürlich noch leichter zu spielen! Als angebliche Legitimation genügt eine blecherne Garderoben- oder Biermarke, auch die Mitgliedskarte irgendeines Gesangvereins oder Kegelklubs. Werden sie mit der geeigneten Bewegung vorgezeigt, so wagt das blinzelnde Auge des Betroffenen kaum hinzusehen: jeder Gauner ist legitimiert. Selbst ein Leihhausschein tut es!

Den nachstehenden Fall habe ich selbst als Staatsanwalt bearbeitet. Bei einem sehr angesehenen Kommerzienrat und Mühlenbesitzer in der Nähe von Dresden – er ist verstorben – ließ sich ein junger Mann mit finsterem Antlitz, eine Aktenmappe unter dem Arm, durch seine Visitenkarte als Dr. jur. Schwarz, Geheimer Kriminalkommissar des Polizeipräsidiums Berlin, melden. Wieder die Visitenkarte, die schon erbeben machte! Auch die Aktenmappe, die natürlich auch ehrliche Leute tragen, ist ein wirksames Ausstattungsstück des Betrügers. Herr Dr. Schwarz eröffnete dem Kommerzienrat, dass an der russischen Grenze ein umfangreicher Getreideschmuggel entdeckt worden sei. Der verhaftete Hauptschmuggler habe den Kommerzienrat als Anstifter schwer belastet. Dabei zeigte er aus der gefüllten Aktenmappe Protokolle und einen Haftbefehl flüchtig vor. Der bestürzte Kommerzienrat beteuert seine Unschuld, behauptet eine Irreführung der Behörden und legt dem Kommissar, der vorsichtig darin blättert, seine Geschäftsbücher zum Beweise vor, dass er zur fraglichen Zeit von der Ostgrenze überhaupt nicht bezogen habe. In diesem Augenblick tritt der Buchhalter herein und meldet, dass soeben telephonisch mitgeteilt worden sei, der Herr Justizminister erwarte den Kommissar zum dringenden Bericht in der Angelegenheit des Kommerzienrates. Die Lage wurde kritisch. Der Mühlenbesitzer bot 50.000 Mark Sicherheitsleistung an, wenn der Haftbefehl nicht vollstreckt werde, zeigte aber gleichzeitig in seinem weit geöffneten Kassenschranke, dass nicht genügend Bargeld vorhanden war. Schon erklärte sich der Kommissar bereit, in einer Droschke mit zum Bankhause zur Erhebung des Geldes zu fahren. Da hatte inzwischen der Buchhalter, der gelauscht hatte, Verdacht geschöpft und nach der Polizei telephoniert, so dass der Betrüger verhaftet werden konnte. Die Schriftstücke in der Aktenmappe stellten sich als die plumpsten Schmierereien heraus, auf einem Postamte zusammengeschrieben. Hätte der Kommerzienrat die Vorlegung des Haftbefehls verlangt, so wäre die Komödie schnell zu Ende gewesen. Ja, wenn die Betroffenen immer recht geistesgegenwärtig wären und auch sonst ein gutes Gewissen hätten, bliebe manche Sensation ungeschehen! Der dem Gauner den leeren Geldschrank vorzeigende Kommerzienrat ein Bild für die »Fliegenden Blätter«! Der Portier eines Hotels – wieder der behilfliche Gasthofsangestellte! – hatte gegen ein kleines Trinkgeld pünktlich auf die Minute telephoniert, dass Dr. Schwarz zum Justizminister kommen solle. Der Betrüger gestand mir, dass er nach Abheben des Geldbetrages im Bankhause mit der Beute habe aus der Droschke springen und flüchten wollen. Er bat mich auch, mich seiner nach Verbüßung seiner Strafe anzunehmen und ihm eine geeignete Anstellung zu verschaffen, damit er endlich auf ehrliche Wege kommen könne. Auf meine Frage, welche Art ehrlicher Tätigkeit er zu leisten sich zutraue, erbat er mit einer gewissen Leidenschaftlichkeit eine Anstellung als Detektiv in einem großen Warenhause. Sein Geschäftsherr, so beteuerte er mit beinahe gläsernen Augen, könne ruhig schlafen und werde nicht bestohlen werden, weder vom Publikum noch von den Angestellten. Er habe seine Argusaugen überall, kein Spitzbube werde ihm entgehen. Was steckte also in diesem Hochstapler? Im tiefsten Grunde ein Zug zum Kriminellen um jeden Preis, wenn nicht als Detektiv, so schließlich als Verbrecher. Und in der hochstaplerischen Betätigung die Wunscherfüllung, den Kriminalbeamten zu spielen!

In Militärstaaten vermag die Offiziersuniform unter Umständen dem Betrüger die höchste Autorität zu verleihen, ja ihn geradezu zum Urheber einer Massensuggestion zu befähigen. Der falsche Hauptmann von Köpenick ist noch in unser aller Erinnerung, der 57 Jahre alte Schuhmacher Wilhelm Voigt, der erst ein halbes Jahr zuvor aus dem Zuchthause entlassen worden war und überhaupt 27 Jahre seines Lebens hinter Gefängnismauern zugebracht hatte. An einem schönen Herbsttage des Jahres 1906 zog er in der Jungfernheide bei Berlin die Uniform eines preußischen Hauptmanns an, wobei er die Schärpe unvorschriftsmäßig schnallte und eine unvorschriftsmäßige Kokarde an der Mütze trug. Auch sonst alles unvorschriftsmäßig bei diesem 57jährigen Hauptmann. Unter bloßer Bezugnahme auf eine Kabinettsorder, die er gar nicht vorzeigte, hielt er eine vom Schießplatz Tegel kommende Patrouille Soldaten an, stellte sie unter seinen Befehl, führte sie mit der Eisenbahn nach Köpenick, wobei er die Fahrkarten löste und die im Dienst befindliche Mannschaft unterwegs mit Kaffee traktierte. In Köpenick, wo er in seinem Leben nie gewesen war, besetzte er das Rathaus und ließ auf den Straßen die Polizei stramm Ordnung halten. Er verhaftete Bürgermeister und Hauptkassenrendanten und ließ sich die Kasse mit 4000 Mark herausgeben, worauf er verschwand. Dabei war er selber nie Soldat gewesen, aber der Bürgermeister, den er unter militärischer Bewachung nach Berlin bringen ließ, war Reserveoffizier. Die Eitelkeit des Hochstaplers feierte in diesem Schuhmacher Triumphe. Während er in der Hauptsache geständig war, bestritt er sehr lebhaft, dass er in der Hauptmannsuniform eine schlechte Figur gemacht habe. Auch die verkehrte Kokarde wollte er nicht auf sich sitzen lassen, an der ganz allein der Mützenmacher die Schuld trage. Später ließ sich Herr Voigt im Varieté für Geld sehen. Danach verklagte er in Luxemburg, wo er seinen Wohnsitz aufgeschlagen hatte, den Schriftleiter eines Lokalblattes, der ihn in einem Aufsatz als Schuster bezeichnet hatte. Voigt erklärte, er sei Schuhmachermeister gewesen und müsse deshalb die Bezeichnung Schuster als Beleidigung ansehen. Der verklagte Redakteur wurde aber freigesprochen. Schließlich kam Herr Voigt glänzend auf seine Kosten: eine wohlhabende Dame – man sehe die dem Hochstapler geneigte Weiblichkeit! – wendete ihm eine Rente zu. Die Köpenickiade ein echter Hochstaplerstreich, verblüffend, energisch, wie mit einer germanisch-militärischen Intuition durchgeführt, trotz aller Plumpheit der Mittel von hinreißendem Erfolg! Dabei durchaus nicht originell. Schon im Jahre 1838 gab sich ein Schustergeselle – es scheint etwas im Metier zu liegen – in der Umgegend von Naumburg für den Prinzen August von Preußen aus, revidierte die Kassenbeamten und nahm ihnen die Kassengelder ab. Ben Akiba behält recht: alles schon dagewesen.

Ob der Schuster Voigt einem tieferen inneren Drange folgte, als er den falschen Hauptmann »gestaltete«, bleibt unentschieden. Die Frage: Was fühlte Wilhelm Voigt, als er in der Hauptmannsuniform die acht Mann und zwei Gefreiten des Garderegiments in Berlin kommandierte? hat die Kriminalpsychologie noch nicht aufgeworfen. Vielleicht bietet einen Anhalt seine Äußerung zu einem Mitgefangenen im Zuchthause zu Rawitsch bei Gnesen: Er wolle, wenn er herauskomme, ein ganz gerissenes Ding drehen, die Welt werde sich wundern; Militär müsse auch mit dabei sein. Jedenfalls erkennt man, dass hier ein Schöpferwille und ein Schöpfergedanke im Spiel gewesen sind, deren Wiege das Zuchthaus war. Man könnte dazu neigen, den Schöpfer, den Gestalter der Köpenickiade auf eine gewisse epische oder dramatische Dichtergabe hin anzusprechen. Es gibt latente Dichterkräfte, die sich niemals in Verse oder Prosa ergießen, weil eine Hemmung den Weg zur äußeren Form nicht finden lässt. Aber die Dichterkraft selbst, die Gestaltungskraft, bleibt vorhanden. Auch war Hans Sachs nicht der einzige Schuster, der Humorist und Poet dazu war. Kann uns die Köpenickiade nicht als einzigartige humoristische Dichtung erscheinen, eine feine literarische Blüte ihres Jahrhunderts, Kleists »Zerbrochenen Krug« und Gerhart Hauptmanns »Biberpelz« noch hinter sich lassend? Erinnert das Volkstümliche nicht sogar an Reineke Fuchs und Till Eulenspiegel?

Der falsche Hauptmann von Köpenick hatte die Lacher beider Welten über den preußischen Militär- und Polizeistaat für sich. Aber auch das Tragische fehlte dieser Dichtung nicht. Ein geheimes Grauen erfasste Deutschlands auswärtige Feinde. Folgte der deutsche Soldat zur Friedenszeit einem in den Offiziersmantel gehüllten Zuchthäusler mit solcher Manneszucht, was war von ihm erst im blutigen Ernste unter Führung seiner Feldherren zu erwarten? Der Gaunertrick des Schusters Wilhelm Voigt als Memento in der internationalen europäischen Konstellation, vielleicht gar als Miterreger des großen Weltkrieges – auch diese Perspektive ist in der Kriminalistik neu. Gehört die Köpenickiade mit Fleisch und Blut bisher auch nur der Geschichte an, so wird sie zweifellos einmal ihren Dichter finden, so dass sich Dichtkunst und Hochstapelei abermals berühren werden. Der Dichter wird etwas vom volkstümlichen Geiste Gerhart Hauptmanns haben müssen, um diesem wundervollen Stoffe der Weltliteratur gerecht werden zu können.

Ein anderer Hochstaplertypus begnügt sich nicht damit, eine angemaßte Rolle nur einige Stunden zu spielen, sondern begehrt sich dauernd auf der Stufenleiter der höheren Beamtenlaufbahn aufwärts zu bewegen. Wieder bietet Preußen den romanhaften, fast grotesken Stoff vom falschen Bürgermeister Alexander von Köslin. Heinrich Thormann, als Sohn eines Bahnmeisters und Schlossers geboren, wurde nach dem frühen Tode seines Vaters bis zum Jahre 1800 im Militärwaisenhause in Potsdam erzogen, wo er zu den begabteren Schülern zählte und durch eifriges Lesen von Büchern sich eine über das gewöhnliche Maß hinausgehende Bildung aneignete. Auch dichterisch hat er sich versucht. Da haben wir schon wieder die dichterische und die hochstaplerische Anlage beisammen. Bis zum Jahre 1907 war er, der das Einjährigenexamen bestanden hatte, bei verschiedenen Landratsämtern in Ost- und Westpreußen als Schreiber und Kreisausschussassistent tätig. Ein Landrat in Ostpreußen gab ihm das Zeugnis eines Mannes mit vorzüglicher Fassungsgabe und geradezu außerordentlicher Begabung. Nebenamtlich befasste er sich mit der Anfertigung von Klagen, erteilte Rat in Rechtsangelegenheiten und war auch gelegentlich als Detektiv tätig. Die Detektivbegabung und Detektivlaufbahn führt öfter zur Hochstapelei hinüber. Als Thormann seit 1907 Bureauassistent der in Berlin domizilierenden Niederbarnimer Kreissparkasse war, eignete er sich widerrechtlich Gelder an und wurde vom Gericht zu 4000 Mark Geldstrafe oder zu 400 Tagen Gefängnis verurteilt. Kurz entschlossen tauchte Heinrich Thormann, der Schreiber, unter, um als Dr. jur. Heinrich Thormann wieder an die Oberfläche zu kommen. Er nahm unentgeltliche Dienste bei Gemeindeverwaltungen und Magistratsbehörden, die deshalb keinen Anlass fanden, seine Papiere nachzuprüfen. Aber er erhielt als Dr. jur. auf Grund seiner vorzüglichen Leistungen beste Zeugnisse, die ihm weiterhalfen. Als er einmal als der aus Osterode gebürtige Schreiber Heinrich Thormann zur Verbüßung der früheren Betrugsstrafe verhaftet werden sollte, führte er die Staatsanwaltschaft dadurch irre, dass er als seinen Geburtsort Königsberg angab. Er verschwand abermals und vollzog eine noch wirkungsvollere Metamorphose. Als Magistratsassessor Dr. jur. Eduard Alexander bewarb er sich mit falschen Papieren und glänzenden Zeugnissen um die Stellung eines Hilfsassessors beim Magistrat zu Bromberg und erlangte den Ruf eines besonders tüchtigen Beamten. Er fand Eintritt in die Bromberger ersten Gesellschaftskreise und verheiratete sich – wieder auf Grund gefälschter Unterlagen – mit der Tochter des Präsidenten der dortigen Eisenbahndirektion. Drei Jahre blieb der falsche Alexander, der seine Personalien einem wirklichen Eduard Alexander, Rechtsanwalt in Berlin, nachgebildet hatte, in Bromberg, um 1913 als zweiter Bürgermeister nach Köslin zu gehen, wo unter 700 Bewerbern die Wahl auf ihn gefallen war. Hier ereilte ihn nicht etwa durch die Aufmerksamkeit der Behörden sein Schicksal, sondern weil der Vater einer früheren Geliebten – ou est la femme? – ihn wegen Rückzahlung eines Darlehens ausfindig gemacht hatte. Nach kurzem Leugnen brach der Hochstapler zusammen und legte ein Geständnis ab. Seine Triebfedern waren seine Armut und ein glühender Ehrgeiz nach Emporsteigen in die höhere Beamtenlaufbahn gewesen. Welches innerstes Motiv lebte in ihm? Er wollte in Wirklichkeit eine Stelle einnehmen, zu der er auch ohne akademisches Studium und ohne die vorgeschriebenen Examina auf Grund seiner angeborenen Begabung und seines Fleißes sich für befähigt halten durfte. Dieses echte Hochstaplermotiv ist auch sonst in der Kriminalgeschichte mehrfach bekannt geworden. Also etwa das Vorgefühl von dem freiheitlichen Wahlspruch: Dem Tüchtigen freie Bahn! Dazu kommen eine Reihe Äußerlichkeiten. Die Behörden machten es dem falschen Alexander sehr leicht, indem sie sich meist mit Zeugnisabschriften begnügten. Im übrigen blendete er mit seiner Visitenkarte, deren er sich immer freigebig bediente und bei seiner Verhaftung ein ganzes Päckchen bei sich führte. Dabei Kleinigkeiten. Der tönende Name Alexander – an den Großen Alexander erinnernd – dessen Vorname zum Vatersnamen, zum Stammesnamen erhoben! Eine gewisse Großmannssucht! Und die juristischen Kenntnisse? Ja, haben sie sonst alle Juristen auf der Universität erworben? Hat das akademische Studium und die Ablegung der juristischen Prüfungen wirklich so ausschlaggebende Bedeutung? Gibt nicht der falsche Alexander mit seiner kühnen Laufbahn unserer bureaukratischen Kultur einen Fingerzeig? Ist es nicht entzückend, zu hören, dass jemand, was ich schon lange behauptet habe, auch ohne Universität und Doktorpromotion ein ausgezeichneter Jurist sein kann? Endlich eine Erlösung der Juristerei aus den Fesseln der hergebrachten Zunftordnung, eine Freigabe der Juristerei an den gesunden Menschenverstand der Laien, wie sie das Volksempfinden schon lange begehrt – alles dies geleistet nicht etwa von der Einsicht der Juristen und einer freiheitlichen Gesetzgebung, nein – o, beglückende Ironie! – geleistet von einem Hochstapler, dem falschen Alexander! So scheint auch dieser Hochstapler sich selbst als dem in ihm steckenden Poeten die Hand zu reichen. Eine Kulturkomödie hat auch er gestaltet!

Weniger erfolgreich sind in ähnlichen Fällen Hochstapler gewesen, die als Mediziner ihre Laufbahn zu machen wünschten, obwohl nach dem Worte Mephistos der Geist der Medizin »leicht zu fassen« ist. Ein solcher Phantast, Sohn eines kleinen Beamten, behauptete, aus einem Verhältnis hervorgegangen zu sein, das sein Vater, ein Arzt, mit einer Gräfin unterhalten habe. Also eine mysteriöse Zeugung und Geburt als Grundlage. Er war ein Abenteurer, der seine Laufbahn als Buchdrucker begann, er wurde Dekorations- und Kirchenmaler, danach stieg er höher, wurde Musik- und Gesanglehrer an einer Idiotenanstalt, Schriftleiter, Musikdirektor in einem Wanderzirkus, Techniker in einem Tiefbauamt, Steiger in einem Bergwerk, zuletzt Morphinist und Arzt. Er legte sich den Doktortitel bei, ließ sich Rezeptvordrucke mit verschiedenartigem Aufdruck, bald als Spezialist für Frauenleiden, bald für Nervenleiden herstellen und verschrieb sich selbst das Morphium. Als er durch den Morphiumgenuss unfähig wurde, als »Arzt« sein Geld zu verdienen, täuschte er Morphiumräusche vor, ließ sich, wo er gerade ging und stand, umfallen, um Unterkunft in einem Krankenhause und gute Verpflegung zu finden. Dann verschwand er stillschweigend ohne die Verpflegkosten zu bezahlen. Auf diese Weise hat er eine ganze Reihe Krankenhäuser und Heilanstalten um Tausende betrogen. Immer gab er vor, Medizin studiert zu haben. Auch Verlobungen ging er als »Dr. med.« ein. Als Beweggrund gab er an: »Es ist für mich ein wollüstiger Kitzel als nicht studierter Mensch wissenschaftlich gebildete Leute, insbesondere ärztliche Kapazitäten, zu täuschen.«

Ein anderer »Mediziner« gab sich als Neffen des berühmten Münchener Gynäkologen Professor Dr. Döderlein aus. Als Tagelöhnerssohn geboren, kam er nach beendeter Bürgerschule als Schreiber in die Ortskrankenkasse, danach zu einer Diskontobank. Seinen Wunsch, Medizin zu studieren, konnten seine armen Eltern nicht erfüllen. Während er tatsächlich ein viel bestrafter Hochstapler mit Namen Kiesewetter war und sich als Sanitätsgefreiter in Lazaretten oberflächliche medizinische Kenntnisse angeeignet hatte, behauptete er, als außerordentlicher Hörer an der Universität Würzburg nicht zugelassen, gleichwohl mit der Kollegienkarte eines Freundes an den Vorlesungen teilgenommen zu haben. Er wollte dann weiter noch an den Universitäten Erlangen, Heidelberg und Bonn studiert und sogar das Staatsexamen gemacht haben, zur Promotion habe sein Geld leider nicht gelangt. Er wollte Assistent am Berliner Virchow-Krankenhause, danach praktischer Arzt in Niebühl in Ostfriesland gewesen sein und später sein Kreisarztexamen gemacht haben. Alle diese Behauptungen hielt er in der Hauptverhandlung in Wien mit großem Wortschwall aufrecht und bestritt, der vorbestrafte Kiesewetter zu sein. In Gosau trat er als Professor Döberlein auf, hielt spiritistische Sitzungen ab, um zu beweisen, dass es keine Geister gäbe, hypnotisierte usw. Er stand im Mittelpunkt der Gesellschaft und verlobte sich mit einer Kaufmannstochter. Er praktizierte und galt als großer Arzt. Ein begabter Mensch, Typus des Phantasten, der aus unerfüllter Sehnsucht nach einer wissenschaftlichen Tätigkeit zum Hochstapler wurde. Dabei anscheinend eine sexuelle Färbung, die ihn zum Berufe des Frauenarztes zog, wie dies auch bei wirklichen Medizinern zu geschehen pflegt.

Man kann hier den wirklichen Gelehrten als Hochstaplertypus anfügen. Ein klassischer Fall ist der des Mathematikprofessors Libri. Italiener von Geburt, Franzose aus freier Wahl, Engländer in der Not – als er nach seiner Verurteilung im gastlichen Albion eine neue Heimat suchte – war Libri ein hervorragender Historiker, ein geistreicher Schriftsteller, ein großer Gelehrter, Professor an der Sorbonne, wo er Wahrscheinlichkeitsrechnung lehrte, Mitglied der Akademie, Ritter der Ehrenlegion. Schon mit 20 Jahren war er zum Professor an der Universität Pisa ernannt worden. Aus politischen Gründen sah er sich gezwungen, nach Frankreich zu fliehen, wohin ihm sein großer Gelehrtenruf längst vorangegangen war. Außer dem Lehrstuhl gab man ihm in Frankreich den Auftrag, die Bibliotheken des Landes zu inspizieren, und 1841 wurde er zum Präsidenten einer Kommission ernannt, die einen Katalog aller in den Bibliotheken der französischen Provinzen vorhandenen Handschriften herausgeben sollte. Mit Empfehlungsschreiben des Ministers versehen, begann er seine Rundreise und seine – Bücherdiebstähle. Er setzte es sogar durch, dass ihm wertvolle Handschriften, die nach seiner Angabe genauer geprüft werden mussten, ins Haus geschickt wurden. Er hatte die reichste Bibliothek, die ein Privatmann je besessen hat. Aber als er sie für 200.000 Frank verkaufte, erweckte er Verdacht. Er entfloh nach London, und das Schwurgericht verurteilte ihn in seiner Abwesenheit zu zehn Jahren Gefängnis. Übrigens hatte er auch schon sein Vaterland Italien in gleicher Weise geplündert. Florenz und Pisa kauften für 575.000 Frank Drucke und Schriften zurück, die er gestohlen und verkauft hatte. Es stellte sich später heraus, dass Libri einer verbrecherisch veranlagten Familie angehörte. Sein Vater, der Graf Libri-Bagoano, war wegen Fälschungen zu zehn Jahren Zuchthaus verurteilt worden. Libri ein Hochstapler als Bücherdieb. Gewiss war er durch seinen Beruf ein Bibliophile, ein Sammler. Der Diebstahl lag hiervon nicht weit entfernt. Dass er sich durch seine Gelehrsamkeit in Stellungen drängte, die ihm zu Bücherdiebstählen ganz besondere Gelegenheit boten; dass er sich gewissermaßen zum Gebieter der französischen Staatsbibliotheken machte, stempelt ihn zum Hochstapler. Er gab vor, ein besonderer Hüter dieser unermesslichen wissenschaftlichen Schätze zu sein, und er war in Wirklichkeit ihr größter Schädling.

Ein raffinierter Hochstapler war der falsche Graf Gubata, der 1909 in Paris verhaftet wurde. Von Beruf Koch, wollte er Schauspieler werden – da haben wir schon wieder das künstlerische Moment – aber er war zu faul, seine Rollen zu lernen. Er entfloh und ließ sich von einer auswandernden Köchin mit nach Amerika nehmen. In Kalifornien wurde er zweimal wegen Scheckfälschung bestraft. In San Franzisko trat er als Graf Eugen Ottokar Harrach auf. Schließlich – »es wächst der Mensch mit seinen höheren Zwecken« – gab er sich als Erzherzog von Österreich aus und betörte eine spanische Gräfin. Er zeigte ihr seine Photographie in der Uniform eines österreichischen Erzherzogs – diese Erzherzoge waren seinerzeit sehr beliebt. Die Photographie war in der Tat die eines Erzherzogs mit dem Goldenen Vlies, doch nur bis auf den Kopf. Diesen hatte der Betrüger geschickt entfernt und statt dessen sein eigenes Antlitz auf den Rumpf kopiert. Die Gräfin war von dem ritterlichen Manne entzückt, vertraute ihm ihren kostbaren Schmuck an, den sie natürlich niemals wieder sah, und beglich in Amerika seine nicht unbeträchtlichen Hotel-Rechnungen. Als sie misstrauisch wurde, verschwand er, um an anderen Orten als Prinz Charles von Bourbon und abermals als Erzherzog Albrecht von Österreich aufzutauchen. Er bezeichnete sich als Enkel der Prinzessin von Bourbon und als Vetter des Königs von Bulgarien. In Larichemont, Orient Point, Greenwich und in anderen Kolonien am Sund genoss er große Ehren und wurde wirklich als Erzherzog angesehen. Er gehörte zur Hochstaplergattung der Schauspieler, dessen künstlerische Veranlagung durch irgendwelche Umstände gehemmt in unsoziale Bahnen abglitt. Als Österreicher – er war der Sohn eines kleinen Beamten in Linz – verfügte er über die bekannte natürliche schauspielerische Begabung; das österreichische Volk stellt bekanntlich die meisten Bühnenkünstler. Er spielte mit Vorliebe in Kostüm und Orden. Er war international und besaß ein Sprachentalent. Der ihm aufgedrängte Beruf als Koch erinnert an die Märchenwelt, in der die Köche immer erwähnt werden. Vielleicht stammt von daher seine Sehnsucht nach Grafentitel und fürstlichem Geblüt.

Wir verweilen bei ihm nicht länger und wenden uns zu seinem geistesverwandten Kollegen, einem der raffiniertesten Hochstapler, dem Ungar Ignaz Straßnoff. Nach verschiedenen kleineren Vorstrafen hatte er 1892 eine längere Zuchthausstrafe verbüßt. Kaum entlassen, war er in Budapest in glänzender Husarenuniform zu sehen. Auf einer Reise zwischen Wien und Budapest paradierte er mit einem prachtvollen kalbsledernen Handkoffer und Reisenecessaire, mit einem imposanten Plaid und großartigem Gehpelz, im Knopfloch das blaue Band des preußischen Kronenordens. Mit zwei Fürsten spielte er im Abteil erster Klasse Makao und sprengte zweimal die Bank. Er überreichte den Fürstlichkeiten seine Visitenkarte – schon wieder die Visitenkarte! Entzückende Erfindung! – seine Karte, auf der unter fünfzackiger Krone der Name »Ludwig Beney de Erdöbenga, Kgl. Rat in Talga« zu lesen war. In Offiziersuniform reiste er nach Baden bei Wien, wo er durch sein elegantes Auftreten Aufsehen erregte, einer Witwe Heiratsabsichten vorspiegelte und ihr 4000 Kronen ablockte. In den Königsmanövern trat er als russischer Militärattaché auf. In Amerika und England – auch er international – verübte er jahrelang ähnliche Betrügereien. Nach Ungarn zurückgekehrt, stellte er sich dem Bischof von Neutra als Ministerialrat Vertessy vor. Als dieser ihn als seinen vermeintlichen, seit Jahren nicht gesehenen Neffen begrüßte, führte er auch diese Rolle, zu der er also nur ganz zufällig kam, glänzend durch und borgte ihn um mehrere tausend Kronen an. Der Bischof gab ihm zu Ehren ein Diner, bei dem er im Frackanzug und mit verschiedenen angemaßten Orden erschien. Auf den Namen des Ministerialrates Vertessy war er nur durch das Adressbuch gekommen; auf der Suche nach einem falschen wohlklingenden Namen habe ihm dieser besonders gefallen. Auf ähnliche Weise betrog er den Bischof von Steinamanger. Er gab vor, mit der Regelung der Schulden eines Grafen von Niszesy betraut zu sein, der ihm im Ministerium zugeteilt sei, der Minister selbst habe gewünscht, dass der Bischof bei der Ordnung der Schulden des Grafen behilflich sei. Der Bischof konnte diesen Wink nicht missverstehen, ließ sich täuschen und gab 6000 Kronen her. Fast alle Schwindeleien Straßnoffs kamen bald nach der Tat an den Tag. Er hat sie immer mit Zuchthausstrafe büßen müssen. Immer aber nahm er nach Ablauf der Strafe sein Treiben von neuem auf. Auch dieser Hochstapler vom Typus der Komödianten, der Sohn eines armen Privatbeamten, dem die Schuldisziplin auf dem Gymnasium nicht behagte, und der Handlungskommis wurde. Aber dann doch einige Berührung mit der Bühne. Er stahl aus den Garderoben des Nationaltheaters und des Volkstheaters in Budapest den Schauspielern wertvolle Gegenstände. Der künftige Hochstapler begann seine Laufbahn als Dieb. Er reichte ferner bei den Budapester Theatern ein Empfehlungsschreiben ein, auf dem er die Namen berühmter Schauspieler gefälscht hatte, und erzielte damit, dass ihm fast alle Theater allabendlich Eintrittskarten zur Verfügung stellten, mit denen er zu ermäßigten Preisen einen schwunghaften Handel betrieb. Also ganz zweifellos auch eine innere Verknüpfung mit der Bühne. In der Hauptsache wahrscheinlich triebartiger Temperamentshochstapler, unterstützt durch sein ungarisches Geblüt. Die östlichen und die südlichen Völker stellen kraft ihres Temperaments die meisten internationalen Hochstapler. Eine rassige Beweglichkeit zeichnet sie aus, die Hochstapler sind Sanguiniker. Daher die triebartige Aufeinanderfolge seiner Betrügereien trotz jedesmaliger Entdeckung. Der Deutsche ist zum internationalen Hochstapler zu nüchtern, zu phlegmatisch. Das Weltmännische in Kleidung und Auftreten geht ihm ab, seine Sprache verrät ihn. Dieser Straßnoff besaß eine instinktive Sicherheit, die ihn alle sich ihm rein anfällig bietenden Gelegenheiten – die Begegnung mit dem Onkel-Bischof – ausbeuten ließ. Dabei weniger Geistesgegenwart und Schlagfertigkeit, als vielmehr eine gefühlsmäßige Sicherheit mit beinahe medialer Kraft, einem Nachtwandler vergleichbar, der im Traumzustande die gefährlichsten Höhenwege beschreitet. Von dieser außergewöhnlichen Art war Ignaz Straßnoff. Der Hochstapler kann nicht planmäßig alle Begegnisse vorher ausgrübeln und ihrer warten. Er ist auf viele Möglichkeiten und Unmöglichkeiten gefasst. Er gibt sich, wie der Dichter, den Eindrücken, die die Dinge auf ihn machen, hin, lässt sich durch sie in Stimmung setzen und vermag sie dadurch wieder seinerseits zu meistern. Daneben fehlt eine gewisse Berechnung nicht. Kam Straßnoff in Verhältnisse, die er hätte kennen sollen – bei der Begegnung mit dem Onkel-Bischof – so ließ er sich nicht ausfragen, er ließ sich erzählen und erzählte dann wieder, was er eben gehört hatte, so dass man glaubte, er sei mit den Verhältnissen voll vertraut.

Wir flüchten von dieser blendenden internationalen Erscheinung einen Augenblick in die Märchenwelt und begegnen vor dem Dresdner Schöffengericht einem oft vorbestraften deutschen Forstgehilfen, der sich für einen 1878 in Ungarn geborenen Grafen Viktor Anton Maria von Lavoux ausgegeben und eine Gräfin von Schaffgotsch zu betrügen versucht hatte. Nur als untergeschobenes Kind eines Hüttenmeisters habe er dessen bürgerlichen Namen geführt. In endloser Rede – die Beweglichkeit der Sprachwerkzeuge – schilderte er vor Gericht seine Erlebnisse, ein ganzer Film wurde im Verhandlungssaale aufgerollt, wie er abenteuerlicher auf keiner Leinwand gezeigt werden kann. Als Graf Viktor von Lavoux hatte er 1918 die reiche Witwe eines englischen Generalkonsuls geheiratet. Als sie ein Jahr später starb, will er auf ihr Vermögen in Höhe von neunzehn Millionen Mark zugunsten ihrer Angehörigen verzichtet haben. 1914 war der Forstgehilfe als Prinz Hohenbartenstein, als Graf von Fürsteneck und Graf Felseck – man beachte die märchenhaften bzw. romanmäßigen Namen – aufgetreten. Unter großer Spannung wurde der Hüttenmeister als Zeuge vernommen. Er bezeichnte zunächst eine früher erstattete eidliche Versicherung, der Angeklagte sei der Graf von Lavoux, als unwahr und bekundete, der Angeklagte sei tatsächlich sein eigener leiblicher Sohn. Damit brach der ganze vom Angeklagten aufgerollte Film zusammen, er gab die ihm zur Last gelegte Fälschung seines Konfirmationsscheins zu, der Betrugsversuch an der Gräfin Schaffgotsch galt für erwiesen. Wie schon gesagt, ein Hochstapler der die Märchenwelt realisieren will. Im deutschen Walde leben die Märchen von Grafen und von Prinzen und von den untergeschobenen Grafenkindern. Im Walde hatte wohl der Forstgehilfe davon rauschen hören. Dazu die zwiespältige Haltung des Vaters, der im Sohne den Märchentraum genährt hatte, etwa wie bei Gerhart Hauptmanns Hannele die Andeutungen von einer außerehelichen Geburt in ihrem Fieber zum Traum von der gräflichen Abkunft werden.

Der Kunsthistoriker Hans Josef Moser, einer angesehenen Berliner Familie entstammend, war schon als Einjähriger bei einem Reiterregiment wegen Verschwendung entmündigt worden. Er fuhr beispielsweise nur in Sonderzügen und ließ den Angehörigen seiner Schwadron besondere Galauniformen anfertigen. 1902 ging er eine bald wieder geschiedene Ehe mit einer Opernsängerin ein – eine gewisse Berührung mit dem Theater – 1903 verheiratete er sich zum zweiten Male in Barcelona mit einer Freiin de Vera, wieder auf nur kurze Zeit. Da er fünf Sprachen beherrschte – die Sprachbeweglichkeit des Hochstaplers – fand er als Dolmetscher gute Einnahmen. Die Bekanntschaft mit einem spanischen Ordensgeneral vermittelte ihm 1905 mehrere Orden. Im gleichen Jahre erwarb er angeblich die spanische Staatsangehörigkeit, nannte sich Baron de Moser und gab sich als päpstlicher Kämmerer aus. Trotz amtlicher Erklärung der spanischen Regierung und des Gutachtens des Münchener Generalvikars behauptete er in der Verhandlung vor dem Münchener Landgericht, hierzu berechtigt zu sein. 1911 wurde er in Paris wegen Ordensschwindels zu vier Monaten Gefängnis verurteilt. Er stand mit einer »heraldischen und archäologischen Gesellschaft« in Paris in Verbindung, bei der die Polizei nicht weniger als hundert Kilogramm Orden und Medaillen beschlagnahmte. In einem gewaltigen Koffer verwahrte er mehr als dreizehnhundert verschiedene Dekorationen, deren jede – das Goldene Vlies der Hosenbandorden, die Ehrenlegion usw. – ihren besonderen, sehr beträchtlichen Preis hatte und von zahlungsfähigen Käufern erworben werden konnte. 1916 schloss er seinen dritten Bund fürs Leben und erlangte auf Grund falscher Adelspapiere als Baron de Moser die bayrische Staatsangehörigkeit. Danach gestatteten ihm seine Betrügereien ein recht flottes Leben. In phantasievoller Uniform, die Brust mit Orden besät, als Baron, als päpstlicher Kämmerer, reicher spanischer Gutsbesitzer, kurz in verschiedener Gestalt erschien er seinen leichtgläubigen Opfern, er verlieh ihnen den selbsterfundenen päpstlichen Lateran- und andere Orden, die Frau eines Kaufmanns ernannte er zur Ordensdame und ließ ihr durch einen Prinzen »Aran«, den ein närrischer Veterinärarzt vorstellte, sogar den Adel verleihen. Einen anderen Kaufmann, den er um 65.000 Mark erleichterte, machte er zum »Kapitelsekretär des Baptistenordens«. Ein Antiquitätenhändler wurde häufig in ein vornehmes Weinrestaurant eingeladen, wo er die Ehre hatte, seine eigene sowie des Herrn Barons und der Frau Baronin Zeche zu bezahlen. Feierlich wurde er im Kapitelsaal, einem

Nebenraum des Hotels, zum Ritter des Baptistenordens geschlagen. Bei der Kapitelsitzung waren zwei Kunstmaler als Ordensritter und die Frau Baronin als Ordensdame zugegen. Kerzen brannten, »aber niederzuknien brauchte der neue Ritter nicht«. Ein paar Tage später bekam er das Diplom, das sogar gerahmt war. Der ärztliche Sachverständige erklärte Moser für geistig minderwertig, aber für zurechnungsfähig. Man erkennt unschwer den großzügigen geborenen Phantasten auf zweifellos pathologischer Grundlage. Er wünschte in einer ganz anderen Welt zu leben, als seine Geburt ihm angewiesen hat. Er steigert seine Phantasie in das Bizarre, Groteske, Lächerliche. Anfänge des Größenwahns scheinen sich zu regen. Ein politischer und ein religiöser Einschlag, wie oft bei solchen Betrügern, ist vorhanden.

Eine Steigerung des geschilderten Charakters findet sich bei Georges Manolesku, dem bekannten Hochstapler sowie Hotel- und Juwelendieb, der seine Memoiren unter den Titeln »Ein Fürst der Diebe« und »Gescheitert« geschrieben hat. Als Sohn eines armen rumänischen Hauptmanns geboren, der ein Sonderling war, und selbst für die militärische Laufbahn bestimmt, entfloh er dem strengen Dienst frühzeitig und trieb sich in Wien und später in Paris umher, wo er wegen Diebstahls zu vier Jahren Gefängnis verurteilt wurde. Ein Hauptzug seines Wesens war, wie ihm der Berliner Untersuchungsrichter nachrühmte, eine gewisse Grazie, mit der er die gewagtesten Behauptungen aufstellte, glatt von einem Punkte, ohne sich in das Wesen einer Sache zu versenken, zum anderen glitt und zu liebenswürdig war, um rechthaberisch zu sein. Die elegante, fast frauenhafte Bewegung seiner Hand war charakteristisch für seine äußere und innere Art. Dabei ging er stets auf das eleganteste gekleidet und hatte die Formen eines Weltmannes. Hier treffen wir auf nationale Eigenschaften seiner Geburt: der Formensinn und die entwicklungsfähige natürliche Begabung des Rumänen waren sein Erbteil, aber auch ihre Genusssucht und Prachtliebe. Zwei Monate, nachdem Manolesku in Nizza eine Strafe von 18 Monaten Gefängnis verbüßt hatte, lernte er im November 1898 eine Gräfin aus Dresden mit ihrer Mutter im Schnellzug zwischen Luzern und Mailand kennen, den er wie gewöhnlich lediglich mit gestohlenem Gelde bestiegen hatte. Er stellte sich unter seinem richtigen Namen vor, gab sich aber als rumänischen Großgrundbesitzer aus, der überdies Jura studiert habe und jederzeit Advokat werden könne. Im Dezember desselben Jahres wurde er mit der Komtesse in Genua durch den Erzbischof in dessen Palaste getraut. Die schnelle Verbindung wurde dadurch gefördert, dass die Braut 28 Jahre alt war, die gräfliche Familie ihren Grundbesitz in Sachsen verloren hatte und dass durch die Gräfin-Mutter ausländisches, südliches Blut in die Familie gekommen war. Danach bezog das junge Paar in Schachen am Bodensee eine Villenwohnung. Während der Schwangerschaft seiner Frau zeigte er sich gegen sie sehr rücksichtslos und geriet bei den geringsten Anlässen in hochgradige Erregung. Er scheint schon damals Halluzinationen gehabt zu haben. Da sein Geld – Erlös aus Diebesgut – zu Ende ging und die angeblichen Einkünfte aus Rumänien ausblieben, beschloss er im September 1899, sich von Weib und Kind – es war ihm eine Tochter geboren worden – zu trennen, um angeblich eine Stelle als Hoteldirektor in Kairo anzunehmen. In Wirklichkeit begab er sich, fast mittellos, nach Luzern und verübte im Hotel Schweizerhof einen Juwelendiebstahl. In Frankfurt a. M. im Oktober verhaftet, schreibt er seiner Frau, ohne seine Schuld zu gestehen, zärtliche Briefe. Die ahnungslose Gattin kommt, ihn im Gefängnis zu besuchen, und erfährt die ganze Wahrheit. Im Februar 1900 wurde Manolesku vom Kriminalgericht zu Luzern wegen Diebstahls, begangen »mit geminderter Vernunfttätigkeit«, zu sechs Monaten Zuchthaus verurteilt. Die Gräfin ließ sich danach von ihm scheiden. Gleich nach der Strafverbüßung nahm er in Baden-Baden, Mainz usw. die Hoteldiebstähle wieder auf. Im November 1900 tauchte er in Berlin unter dem Namen eines Fürsten Georges Lahowary auf, den er lediglich durch die unvermeidliche Visitenkarte mit einer Fürstenkrone über dem schönen Namen beglaubigte. Im Dezember 1900 verübte er zwei Juwelendiebstähle im Hotel Bristol Unter den Linden und im Kaiserhof, wo er vorher gewohnt hatte. Über Dresden, wo er die Beute an einen bekannten Hofjuwelier verkauft, fuhr er nach Süden und wurde schon im Januar 1901 in Genua verhaftet und Ende Mai nach Berlin ausgeliefert. Zur Beobachtung seines Geisteszustandes wurde er in die Charité gebracht, da er sich erregt und auffällig zeigte, merkwürdige Briefe schrieb und tatsächlich Fürst von Geburt sein wollte. Das ärztliche Gutachten erklärte ihn für einen degenerierten Hereditären, bei dem sich von Jugend auf die größten Widersprüche in seinem Charakter vereinten, der Spuren großer Erregbarkeit und Reizbarkeit zeigte, zeitweise ganz unsinnige Handlungen begehe, bei dem trotz des Vorhandenseins gewisser geistiger Fähigkeiten ein gänzlicher Mangel an ethischen Gefühlen und ein beständiges Hinwegsetzen über die Wahrheit und die realen Verhältnisse zu beachten sei. Er sei ein willenloses Spiel seiner Einbildungskraft, die ihm den Blick für die wirklichen Verhältnisse trübe und seine Handlungen bestimme. So wurde Manolesku im Mai 1902 wegen Unzurechnungsfähigkeit freigesprochen und in die Irrenanstalt Herzberge eingeliefert, aus der er im Juli 1903 nach Überwältigung des Wärters ausbrach und über Dresden nach Innsbruck entwich. Im »Europäischen Hof« der sächsischen Hauptstadt stattete er sich mit gestohlenen Kleidungsstücken neu aus, während er – Übermut oder Wahnwitz? – seine gezeichnete Anstaltskleidung unter einem Diwan versteckte. Da sein Ausbruch telegraphisch in alle Welt gemeldet war, fiel es leicht, seine Spuren zu verfolgen. In Innsbruck kaufte er sich ein Tirolerkostüm, in dem er sich photographieren ließ. Eben wollte er – mit erneut gestohlenem Gelde – im Schnellzug erster Klasse nach Wien fahren, als ihn ein Hotelangestellter noch dem Bilde und Steckbrief erkannte. Da er in Wien wegen eines 1895 verübten Überzieherdiebstahls und wegen Betrugs gesucht wurde, brachte man ihn dahin. Die medizinischen Sachverständigen in Wien erklärten ihn zwar für zurechnungsfähig, das Verfahren wurde aber gleichwohl eingestellt, da die Wiener Staatsanwaltschaft sich offenbar nicht in Widerspruch mit dem Berliner Urteil setzen wollte. Weil seine Auslieferung nach Deutschland nicht begehrt wurde, kam er, nach Rumänien abgeschoben, auf freien Fuß und schrieb hier seine Memoiren, von deren Erträgnissen er einige Zeit leben konnte. Später wohnte er in Mailand, wo er sich mit einer vermögenden Dame, die seine Vergangenheit kannte, verheiratete. Durch ein tuberkulöses Leiden verlor er seinen rechten Arm, sogar die Schulter musste ihm amputiert werden, im Alter von 36 Jahren starb er, von seiner zweiten Frau Pauline geliebt und betrauert.

Seine rein hochstaplerische Tätigkeit weist – abgesehen von der Verheiratung mit einer unvermögenden Gräfin – wenig Erfolge auf. Nur weil er ein geschickter Hotel- und Juwelendieb war, vermochte er sich als Hochstapler zu halten. Auffällig und charakteristisch ist die Triebartigkeit seiner Diebestätigkeit; er eilt von Diebstahl zu Diebstahl. Rumänien hat uns reichlich befähigte Spitzbuben beschert. Die Triebartigkeit zeigt sich auch in der diebischen Einzelhandlung. Er erzählt, dass er wie in einem Traumzustand das fremde Hotel betritt, Portier und Pikkolo nicht beachtet, nach dem ersten Stockwerk hinaufsteigt, an die Zimmertüren klopft, auf gerufenes »Herein!« sich entschuldigt, dass er sich in der Zimmertür geirrt habe, und da, wo ihm keine Antwort zuteil wird, durch die häufig nicht verschlossene Tür hineintritt und mit schnellem Überblick die Wertsachen im Zimmer zusammenrafft. Dieses Traumhafte seiner Diebestätigkeit erscheint glaubhaft und ragt in die künstlerische Befähigung hinein. So erzählt Goethe von sich, dass er nächtlich aufstehen und Gedichte, die nicht er, sondern die Natur für ihn geschaffen zu haben schien, sofort niederschreiben musste, wenn er sie nicht wie einen Traum vergessen sollte. Eine gewisse Mechanisierung seiner Diebestätigkeit, auch durch die Übung befestigt, macht sich geltend, die ihm die ungeheure äußere und innere Sicherheit verlieh, welche seine Erfolge trug. Im Berliner Untersuchungsgefängnis fiel er zweifellos in eine Haftpsychose, die später abklang. So konnte er sich über die Psychiater lustig machen, denen gegenüber er den Hamlet gespielt haben will. In seinen Memoiren wird er nachträglich zum literarischen Hochstapler. Die Niederschrift wird für ihn zur Tat, er begeht beim Niederschreiben noch einmal alle diese Verbrechen und begeht zugleich diejenigen mit, die in Wirklichkeit zu verüben er keine Gelegenheit fand oder keine Geschicklichkeit besaß, die aber begangen zu haben ihn unendlich glücklich gemacht hätte. Er hat mit seinen Memoiren nicht nur das deutsche Leserpublikum, sondern halb Europa und Amerika, die die Übersetzungen lasen, fasziniert und getäuscht. Die Presse erklärte seine Memoiren für die Beichte eines Genies. Als ich an der Hand seiner europäischen Akten, die die Behörden mir zur Verfügung gestellt hatten, den Wahrheitsgehalt seiner Memoiren nachprüfte und mit ihm in Briefwechsel trat, kam er sich in seiner maßlosen Eitelkeit wie ein großer Mann vor, über dessen Taten Erhebungen gepflogen werden sollten. Von seinen großen und kleinen Reisen schrieb er mir Ansichtskarten mit dem lakonischen Gruß: Saluto! Manolesco. Er will sein Gehirn der Nachwelt überliefern, überzeugt, dass es der kriminalpsychologischen Wissenschaft reiche Aufschlüsse bietet. Als Lombroso sein Angebot auf offener Postkarte (»Mein Herr, behalten Sie Ihren Schädel!«) ablehnt, schreibt er mir einen entrüsteten Brief und bittet mich, in meiner Studie über seine Memoiren den Ankauf seines Schädels und Gehirns zu empfehlen. Manolesku ist ohne Reue, ohne Gewissensbisse, ohne Scham. Er freut sich, als ein Rennpferd »Manolesku« Sieg gelaufen ist, als im Zirkus ein Manegestück mit gleichem Namen gegeben wird. Als ihm ein Journalist sagt, aus seinen Memoiren müsse sich ein effektvolles Theaterstück gestalten lassen, trägt er sich mit dem Gedanken, es zu schreiben und damit – er wollte einmal Schauspieler werden – durch die Welt zu ziehen. Nichts hätte ihm größere Wonne bereitete als alle die Verbrechen, die er wirklich verübte und die er so gern verübt hätte, vor den Augen des erstaunten Publikums zum Schein und straflos auf der Bühne zu wiederholen. Er fragte bei mir an, ob ich ihm hierbei nicht als Impresario dienen möchte. Er glaubte, Arm in Arm mit einem Staatsanwalt glänzende Geschäfte machen zu können!

An solchen lebendigen Beispielen erkennen wir, dass einem erfolgreichen Hochstapler ein nicht unerheblicher Einschlag degenerativer Veranlagung gehört, eine Freude am Schwindeln und an Abenteuern, wie wir sie nicht selten bei entarteten Hysterischen antreffen. Dabei sind wir keineswegs in der Lage, diese Menschen mit Leichtigkeit als unzurechnungsfähig im Sinne des Strafgesetzbuches zu bezeichnen. Die Phantasie ist bei ihnen an sich schon stärker ausgebildet und von vornherein leichter ansprechbar und lebhafter. Aber entscheidend ist doch die Vorherrschaft der Einbildungskraft gegenüber dem logischen und kritischen Denken. Die übererregte Phantasie überwuchert im seelischen Leben dermaßen, dass geradezu ein ständiges Schwelgen in unrealen Phantasiespielen, ein Sichausleben in maßlosen Phantasiegebilden zustande kommt, alle naturgemäß auf das eigene Ich bezogen, wie der Degenerierte die übertriebene Betonung des Ich-Komplexes liebt. Er umgibt die eigene Person mit allen möglichen, sie bereichernden und erhöhenden Zutaten und malt und schmückt sie phantasievoll aus. Die phantasievollen Träumer, allem Handeln abhold, bauen ihre Luftschlösser nur in ihren Gedanken auf, wobei die einen sich der Unwirklichkeit ihrer Gebilde halbwegs bewusst bleiben, andere aber ihnen unkritischer gegenüberstehen, an ihre Realisierbarkeit – wenigstens vorübergehend – glauben und sie auch erstreben. Die pathologischen Schwindler echter Art verlieren in ausgeprägten Fällen die geistige Herrschaft über ihre Phantasien und sind zufolge ihrer eigenartigen Fähigkeit zur Selbstbeeinflussung von ihrer Tatsächlichkeit so überzeugt, dass sie sich selbst und andere täuschen und eben deswegen die angenommene Rolle mit so erstaunlicher Sicherheit und Unbeirrtheit durchführen.

Die Fähigkeit zur schauspielerischen Autosuggestion, die übrigens auch im Alltagsleben des normalen

Menschen angedeutet ist, wirkt oft überraschend. Sie gibt dem Hochstapler in Gesicht und Ton der Stimme genau den Ausdruck, welcher seiner Lage, die er vorgeben will, entspricht: mild, weich, liebenswürdig, humorvoll, ruhig, traurig, hart, herzzerreißend. Er vermag alles. Es geschieht wie bei Hamlets Schauspielern: der Ton passt sich der Gebärde, die Gebärde dem Ton an. Wie der große Mime vergießt er wirkliche Tränen, lacht er von Herzen: alles steht ihm zur rechten Zeit zur Verfügung. Es kann die tiefste Rührung erzeugt werden, als käme sie aus dem lautersten Gemüt. Der Hochstapler lebt wirklich in der Situation, die er vortäuscht. In solchen gegebenen Augenblicken empfindet er wirklich Freude, Schmerz, Kränkung usw. über Dinge, die ihn sonst kalt lassen.

Wie wir sahen, stammen die Hochstapler meist aus den unteren oder mittleren Volksklassen; nur vereinzelt finden sich Gescheiterte der höheren Gesellschaftsklassen, wie jener wirkliche Graf Montgelas, der im Gothaischen Kalender stand und in Paris eine internationale Schwindlerbande befehligte, die sich insbesondere die Ausplünderung von Juwelieren angelegen sein ließ. Der Reiz zum »Aufstieg« ist in den unteren Kreisen begreiflicherweise stärker, hier liegt eine soziale Ursache der Hochstapelei. Unter Hochstapler versteht man eine Art Gauner, der durch feines Auftreten sich den Anschein der Vornehmheit geben will. Das Wort stammt bezeichnenderweise aus der Gaunersprache selbst und kommt in der einfachen Form Stabuler, d.h. Brotsammler, Bettler, schon im siebzehnten Jahrhundert vor. Dabei findet sich tatsächlich in manchen solchen aus den unteren Schichten stammenden Personen ein gewisser aristokratischer Grundzug ihrer Natur, der sie besonders befähigt, eine Rolle zu spielen, die ihnen in Wirklichkeit nicht zukommt. Zweifellos spielen die Vererbungsgesetze eine merkwürdige Rolle. Wir sehen da einen jungen Mann aus dem Volke mit Gesichtszügen und Haltung eines Edelmannes, oder ein armes, bildhübsches Mädchen, das eine Prinzessin vorstellen könnte. Eigenschaften von Vorfahren, häufig durch uneheliche Zeugung erworben, oder Neigungen der Mütter während ihrer Schwangerschaft kommen zum Vorschein. So erklärt es sich, dass gesellige Talente, aristokratische Bewegungen und Neigungen, Befähigung zu Spiel, Tanz, Sport und gefälliger Unterhaltung angeboren erscheinen, als habe die Natur selbst dem Hochstapler schon im voraus große Elastizität und Gewandtheit, einen scharfen Blick in Erkennung schwacher Punkte, rasche Besonnenheit und Findigkeit verleihen wollen.

Im übrigen sind die Hochstapler wenig fähig zu ehrlicher Arbeit, ja geradezu eine Unfähigkeit zu solcher zeichnet sie aus, Energie und Willenskraft bringen sie nur für ihre Schwindeleien auf. Sie sind genuss- und selbstsüchtig. Aber ihre Genusssucht bewegt sich nur im Animalischen, seien es die Genüsse des Magens oder des Geschlechtslebens. Eine feinere erotische Regung kann nicht aufkommen, die ästhetischen Ansprüche fallen aus. Die Wollust kann bestialisch auftreten. Es fehlt ihnen jeglicher moralischer Mut, kennzeichnend für sie ist im gegebenen Falle ihre

Feigheit. Bei der hochstaplerisch-artistischen Handlung selbst können Keckheit und Verwegenheit verblüffen. Vielfach sind sie keine Schauspieler, sondern nur Artisten und Gaukler. Eitelkeit und Prahlerei sind grenzenlos und geradezu unsinnig die Verschwendungssucht, welche die Beute, die Jahre von Freiheitsstrafe nach sich ziehen kann, an einem Abend, in einer Nacht mit wüsten Gesellen verzecht, verspielt, verhurt. Kein Hochstapler ist reich geworden, keiner hat seine unredlichen Einnahmen dazu verwendet, ein ehrliches Geschäft anzufangen. Ein Dämonisches liegt in diesem ihren Schicksal wie überhaupt über ihrem Wesen. Weil sie das schöne Behagen eines wirklichen Genusses nicht kennen, suchen sie sich durch Schrankenlosigkeit und Wildheit schadlos zu halten. Das gestohlene und ertrogene Geld, hat ein Psychologe gesagt, entläuft dem mit ihm Unbekannten, der es nicht versteht. Die Objekte verlangen würdige Besitzer. Man kann nichts haben, was einem nicht gehört, im tieferen Sinne gehört: es befreit sich von selbst. Es ist eine immanente Gerechtigkeit in den Dingen.

Die Mystik, mit der Glaube und Aberglaube die Gemüter mancher Menschen erfüllen, war für schlaue Betrüger von jeher ein »heiliges« Dunkel, in dem sie ihren eigenen »Zauber« wirken lassen konnten. Auch das Priestergewand hat als heilige Hülle dienen müssen.

Der internationale Betrüger Adrian Gorder, 1843 in Holland als Sohn eines Nachtwächters geboren, zeichnete sich schon in der Volksschule durch Lug und Trug aus. Zunächst für den Handelsstand bestimmt, trat er mit neunzehn Jahren in ein Kloster ein. Wegen mangelhafter Führung zur Ablegung der Gelübde nicht zugelassen, eröffnete er seine Verbrecherlaufbahn. 1872 erlangte er mit gefälschten Papieren eine Pfarrstelle in einer amerikanischen Gemeinde. Nach einem Jahre wurde er entlarvt. Danach reiste er im Mönchsgewand die Pfaffenstraße, nahm überall Gastfreundschaft in Anspruch, verschaffte sich bares Geld durch Messintentionen und nahm Darlehen zu Reisezwecken gegen förmliche Schuldscheine auf, die sein Kloster oder der Ordensgeneral einlösen würden. Meist befand er sich auf der Reise von oder nach Rom in Geschäften seines Ordens. Nach Bedarf gefälschte Zelebrats wiesen ihn aus. Bald war er Trappist aus Mount-Mellerey, bald Zisterzienser aus Rasacrea oder von St. Esprit, nach Bedarf auch Dominikaner. Bald nannte er sich Pater Joseph, bald Pater Stanislaus oder Norbert, hier Bruder Augustus, dort Bruder Robert. Bald führte er neben dem Klosternamen den bürgerlichen Namen de Rohan, Krafton, de Rouge, von Egmont, Vicomte de Gortère, Baron de Lamoral, überall durch falsche Adelsbriefe legitimiert. Nachdem er in Frankreich, Amerika und Afrika insgesamt vierzehn Jahre Freiheitsstrafe verbüßt hatte, kam er 1896 nach Deutschland, Österreich und der Schweiz, überall die Klöster und Geistlichen, die er aufsuchte, um Hunderte und Tausende, die er vergeudete, schädigend. Er hatte in allen Orden reiche Personalkenntnis, er wusste über Kirchenmusik und die literarische Tätigkeit der Konventualen zu sprechen. Er zeigte die Photographien hoher geistlicher Würdenträger – seiner

angeblichen Freunde – vor. In überzeugender Weise
spendete er die Sakramente und las er die Messe. Der
Hochstapler auf dem Altar, der die Transsubstantiati-
on beglaubigte! Er hatte Kenntnisse in der englischen,
französischen und holländischen Sprache. Nur Latein hatte der gescheiterte Priester nicht nachholen
können. Sein mangelhaftes Latein hat ihn in Mainz,
wo er zuletzt als Betrüger auftrat und zu drei Jahren
Zuchthaus verurteilt wurde, gründlich verraten. Eine
ernste, anscheinend gleichförmige Hochstaplergestalt
und dennoch in den einzelnen Persönlichkeiten ein
wahrhafter Verwandlungskünstler. Zweifellos von
einem gewissen religiösen Drange erfüllt, der ihn die
einmal angetretene Priesterlaufbahn festhalten ließ.
Was er, in Kirchen und Kapellen die Messe lesend
und die Sakramente spendend, im Innersten fühlte,
danach hat ihn kein Staatsanwalt und kein Richter
gefragt. Ein guter Psychologe hätte vielleicht von ihm
erfahren, dass mit dem Unerforschlichen, dem er in
Kirchen und Kapellen diente, das Geheimnis, in das
er sich selber hüllte, nicht ganz im Widerspruch stehe: Geheimnis ist das Ganze!

Etwas lustiger berührt die nachstehende Prälaten-
geschichte. Er war kein wirklicher Prälat, der ehemalige Monseigneur Ferand August Marie Leroy de
Keravel de Rocquancourt, der Ehrenstiftsherr von
Karthago und Bischof in partibus von Sina, römischer
Graf und päpstlicher Vikar, einstiger Koadjutor des
Kardinals Lavigerie. Er war ein Mündel des Grafen
von Paris, von dem er eine Reihe von Jahren ein Mo-
natsgehalt bezogen hatte. Trunksucht war die Ursache

seines tiefen Falles. Eine teuere Erinnerung an seine kirchliche Vergangenheit bildete ein Koffer mit alten Kleidern des seligen Kardinals. In einem Augenblick der Not fielen ihm diese violetten Gewänder ein. Da aber der Kardinal Lavigerie ein Mann von hoher Statur gewesen war, so musste eine Hebamme, bei der Rocquancourt gerade wohnte, die Ornate auf sein Maß zusammenschneidern. Und nun begann die neue, pseudokirchliche Laufbahn des Bischofs von Sina. Das erste große Werk, das er unternahm, war der Wiederaufbau der Basilika von Karthago. Der Erfolg war so groß, dass er einige Zeit wieder flott leben konnte. Dann veranstaltete er, von den bekanntesten klerikalen Deputierten unterstützt, in Paris öffentliche Versammlungen, in denen er mit Beredsamkeit das Schicksal der Negerinnen schilderte und zu ihrer Befreiung aufforderte. Zuweilen widerfuhr es ihm, dass er seine Prälatengewänder versetzen musste. Um einen »Geschäftsgang« zu erledigen, löste er sie dann für eine kurze Zeit wieder ein. Seine letzte Gründung war die Champagneragentur. Er schuf eine neue Marke, den Champagner Kardinal Lavigerie, für die er den Provinzklerus zu interessieren suchte. Von einem leichtgläubigen Verleger ließ er sich 50.000 prächtige Bilder des Papstes herstellen, die er seinen Kunden als Prämie anbot. Den Gipfel der Tragikomik erstieg aber die hochstapelnde Eminenz in dem Augenblick, als sie die unsterbliche Therese Humbert für die Kirche von Karthago interessierte. Ein Mann, der die größte Schwindlerin des Jahrhunderts beschwindelt hat, war sicherlich kein Gauner gewöhnlicher Art. Das seltene

Beispiel eines Hochstaplers aus hohem Hause und mit guter Bildung – danach ein Betrüger, gelegentlich im Kostüm, unter Vorspiegelung hoher öffentlicher und kirchlicher Wohltaten und Interessen, wie er sie von seiner früheren Laufbahn her kannte. Schließlich Champagnerreisender mit päpstlicher Reklame, wieder beim Alkohol angelangt!

Es gibt Hochstapler, die eine historische Berühmtheit erlangt haben. Zu ihnen gehört der berüchtigte Abenteurer Cagliostro. 1743 zu Palermo als Sohn armer Eltern geboren, hieß er eigentlich Joseph Balsamo. Zuerst für die Klosterlaufbahn bestimmt, eignete er sich in der Klosterapotheke der Barmherzigen Brüder zu Cattagirone einige medizinische, chemische und pharmazeutische Kenntnisse an, wurde aber wegen schlechter Aufführung aus dem Kloster gewiesen. Er führte danach als Fälscher, Kuppler und Gauner ein unstetes Leben und trieb sich auf Reisen in Griechenland, Ägypten und Vorderasien umher. Zurückgekehrt, nahm er willkürlich den Namen eines Grafen Alexander von Cagliostro an und erlangte Zutritt in den ersten Häusern Roms und Neapels. Seine Frau, eine bildschöne Gürtlerstochter, Lorenzo Feliciani, half ihm bei seinen Schwindeleien und brauchte es mit der ehelichen Treue nicht genau zu nehmen. Er verkaufte verjüngende Lebenstinkturen, Universalessenzen, Schönheitswasser, betrieb Goldmacherei und die Auffindung des Steines der Weisen, beschwor Geister und verdiente bedeutende Summen. Kosmetische Artikel wurden in den Händen von Marktschreiern – man denke an die Odolreklame – und Schwindlern immer zu Goldquellen. (In einem südamerikanischen Blatt machte kürzlich ein spanischer Industrieller allen Ernstes bekannt, dass er eine »Pomade« erfunden habe, welche die Fähigkeit besitze, demjenigen, der die Pomade sechs Wochen hindurch an den Hals schmiert, eine prächtige Tenorstimme zu verschaffen.) In Spanien, auch in London bewegte sich Cagliostro in den höchsten Kreisen, machte fürstlichen Aufwand und wurde von den Damen vergöttert. Er wirkte für den Freimaurerorden, gab sich für einen Sendboten des Elias oder Großkophta aus, leitete sein Dasein von der Liebe eines Engels zu einem irdischen Weibe her und wollte gesandt sein, um die Gläubigen durch körperliche und seelische Wiedergeburt zu höherer Vollkommenheit zu führen. Auch in Deutschland, Petersburg und Warschau wurde er glänzend aufgenommen. In Paris wurde er in die bekannte Halsbandgeschichte verwickelt und – anscheinend unschuldig – gefangengesetzt, schließlich aus Frankreich ausgewiesen. 1790 wurde er in Rom wegen Ketzerei zum Tode verurteilt, aber zu lebenslänglicher Freiheitsstrafe begnadigt; Lorenza wurde in ein Strafkloster gebracht. Cagliostro war klein und dick, von gewaltigen Schultern, hatte feuriges, durchdringendes Auge, volle wohltönende Stimme, Menschenkenntnis und Gewandtheit. Soweit er Kosmetiker und Alchimist war, gehörte er zur hochstaplerischen Gruppe der Scharlatane, als Geisterbeschwörer zu den Gauklern. Aber seine Fähigkeiten reichen doch höher hinauf: als Sendbote des Elias und Erneuerer des Lebens der Gläubigen zählt er unter die religiösen Schauspieler.

Die Wundersucht des damaligen Jahrhunderts kam ihm entgegen. Armut und Bedürftigkeit machten ihn in der Jugend zum rücksichtslosen Verbrecher. Danach verfeinerte er sich zum graziösen kosmetischen und alchimistischen Schwindler. Er machte noch eine Wandlung durch, die an seine Jugenderziehung im Kloster anknüpfte. Seine Bekehrungsversuche sind nicht voller Schwindel, sondern aus Trug und Wahrheit gewoben. Niemand kann die Erhebungen und Tröstungen durch die Religion tiefer empfinden, als unter gegebenen Umständen für Augenblicke oder Stunden ein zerknirschter Sünder. Besitzt er hinreißendes Temperament, so kann er gerade deshalb religiöser Bekehrer, Reformer, Fanatiker sein. Dabei verlocken ihn die Versuchungen seines früheren Lebens immer wieder zum Abfall von seiner eigenen Heilslehre. Hieraus entsteht das moralische Zwittergebild seines Seelenzustandes, das ihn bei der Prüfung nicht als echt bestehen lässt. Die immerhin ungewissen Versprechungen der Religion ziehen in so veranlagten Menschen auch andere Versicherungen leicht hervor, die nicht gehalten werden können. Wer die ewige Seligkeit verspricht, von der er sich doch selbst bei besten Geistesgaben keine rechte Vorstellung machen kann, wer sie verspricht und dabei doch für Augenblicke nicht ganz felsenfest von ihr überzeugt ist, der kann in solcher Autosuggestion auch andere Dinge behaupten und zusichern, die er gerade für möglich hält, aber bei nüchterner Betrachtung bezweifelt.

Man kann die hochstaplerischen Grundzüge auch an großen historischen Persönlichkeiten feststellen.

Da ist Napoleon Bonaparte, der in seiner Jugend sagte, sein Dasein sei ihm zur Last, weil die Menschen, mit denen er lebe und immer leben werde, ganz anders geartet seien als er. Selbst als Kaiser von Frankreich war der Korse nie ein Franzose, sondern immer ein Fremder, ein Vaterlandsloser, ein Schauspieler. In seiner Arbeit über die Preisfrage der Lyoner Akademie schrieb er, dass die Ehrsucht mit dem bleichen Antlitz, den verstörten Mienen, dem heftigen Gang, den regellosen Gesten und dem sardonischen Lächeln nicht die Zuflucht des Glückes sei. Aber der Zeitgenosse Malet du Pon nannte ihn einen Knirps mit zerrauftem Haar, den die Rhetoren der Kammer als jungen Helden, als Eroberer Italiens priesen. Er werde sein Marktschreiertum, seine schlechte Aufführung, seine Diebstähle, seine Füsilladen, seine unverschämten Pasquille zu büßen haben. »Ein Staatsmann muss vollendet lügen können«, war sein eigener Wahlspruch. So sandte er aus Italien, Ägypten und Russland seine ruhmreichen Schlachtberichte, zur Veröffentlichung in der Pariser Presse bestimmt. Was die Franzosen nach seiner Meinung brauchten, war Ruhm, Befriedigung ihrer Eitelkeit. Spielzeug müsse man ihnen geben, das genüge ihnen, das unterhalte sie; sie ließen sich willig leiten, wenn man ihnen geschickt verberge, wohin man sie führe. Dieser Korse war ein Schauspieler im prächtigsten historischen Kostüm, ein Verwandlungskünstler, Schriftsteller und Dichter, Monarchist, Republikaner und Despot, Feldherr und Gesetzgeber, Beschützer der schönen Künste, ein Erotiker. Ein ruheloser Abenteurer ohnegleichen mit dämonischer

Wirkung, seine begehrliche Hand nach allen Ländern und Schätzen Europas ausstreckend, von dem grotesken Märchentraum erfüllt, der Kaiser der Welt zu werden. Mit Fähigkeiten des Geistes ausgestattet, aber ohne sittliches Gerechtigkeitsgefühl, nur ein Verwirrer, kein Aufbauender, von Eitelkeit und Selbstsucht geblendet, schließlich ein Narr seines Glückes.

Und müssen wir in der Geschichte um ein Jahrhundert zurückgreifen, um solche hochstaplerische Grundzüge nachzuweisen? Hat nicht Poincaré, der 1913 Frankreich mit Russland zu Kriegszwecken gegen Deutschland verbrüderte, die Lüge von Deutschlands Kriegsschuld erhoben? Schreit er nicht noch heute diese größte Lüge, die je die Völker verwirrt hat, in die Welt? Hat dieser Weltlügner etwa keinen hochstaplerischen Charakter?

III.

Bisher sprachen wir in der Hauptsache von männlichen Hochstaplern. Wie steht es mit den Damen?

Es ist aufgefallen, dass weibliche Hochstapler nicht so leicht und nicht so anhaltend Erfolg haben wie die männlichen. Man behauptet, dass die Hochstaplerinnen sehr bald von den in der Nähe und in Kleinigkeiten – besonders Geschlechtsgenossinnen gegenüber – so scharfen Frauenaugen durchschaut und entlarvt würden. Die männlichen Abenteurer haben, zumal wenn sie von der Natur etwas verschwenderisch ausgestattet sind, gerade bei der Frauenwelt besonders leichtes Spiel. Die geringere Neigung der Frau zur Kriminalität wie zum Abenteuer ganz allgemein, da sie nicht so selbständig im Leben zu stehen pflegt wie der Mann, hält sie auch von der hochstaplerischen Laufbahn zurück. Die großen Täuscher des Altertums und des Mittelalters – Herakles, Odysseus, Cagliostro – waren Männer. Und doch hat die Frau auf dem Gebiete des Betruges in einigen berühmt gewordenen Fällen den Mann überboten.

Während der neuere große Hochstapler, wie wir sahen, zu seinen größten Erfolgen meist des Kostüms bedarf – der Uniform, des Diplomatenrockes, des Priestergewandes, zum mindesten einiger Orden und hochklingender Titel – arbeitet dagegen die große Betrügerin ohne solches Flitterwerk. Aber die weibliche Kleidung bedeutete zumal den Männern gegenüber, an sich selbst schon ein Kostüm, welches täuschen, blenden, verwirren kann. Was wir zusammenfassend die weibliche Toilette unter Einschluss der ganzen Aufmachung in Frisur, Parfüm usw. nennen, ersetzt also das Kostüm des Hochstaplers. Die »Dame« ist immer kostümiert.

Nach Auffassung aller Kriminalistenschulen besitzt die Frau überhaupt eine größere Verstellungsgabe als der Mann. Die Natur hat sie so ausgestattet, so ausstatten müssen, damit sie bei der Liebeswahl dem Manne gefiel. Ihre von der Natur anmutig und harmlos gebildeten Gesichtszüge, die zugleich – man vergleiche die griechische Skulptur, die auch

die männlichen Gesichter weiblich bildete! – etwas
Weiblich-Typisches enthalten, sind selbst für einen
Menschenkenner schwer zu entziffern. Zumal Jugend
und Anmut, noch mehr wirkliche Schönheit, wir-
ken verhüllend. Es erscheint beinahe unmöglich, in
einem wirklich schönen weiblichen Gesicht auch den
Charakter zu lesen. Dabei bedarf das Mädchen- und
Frauenantlitz nicht des maskierenden Bartes, den die
Natur dem Manne zur Verstellung mitgeben musste.
Der Mann vermag an sich sein Gesicht weniger zu verstellen und bedarf doch gerade in Wandel und Handel der Verstellung viel mehr. Der Bart maskiert den
Mann, aber das ganze weibliche Gesicht, kann man
in gewissem Sinne sagen, ist Maske, und so täuscht es
leichter. Und die neuere Herrenmode der Bartlosig-
keit scheint anzuzeigen, dass die Männer nun auch so
weit sind und sich imstande fühlen, auch ohne Bart
zu täuschen. Das weibliche Gesicht ist der ausdrucks-
volleren, beweglicheren Züge weniger fähig, es ist ein-
deutiger und verrät von den inneren Vorgängen weniger als das bewegliche Mienenspiel des männlichen
Antlitzes. Finden wir ein Frauengesicht ausdrucksvoll
und bewegt, verrät es ohne weiteres starke Charakter-
fehler, so erscheint uns ein solches Gesicht männlich.

Auch die Phantasie, deren der große Hochstapler
bedarf, ist im Durchschnitt beim Weibe reicher als
beim Manne. Die jungen, auffälligen Phantasten, die
wir im Eingange kennenlernten, waren Mädchen zum
Teil noch in den Kinderjahren. Die Phantasie, auch
in der Sprache weiblich, ist eine weibliche Begabung
zufolge der starken weiblichen, an sich passiven Ein-

drucksfähigkeit ihrer Gefühls- und Vorstellungswelt. Und wenn der Dichter die Phantasie im besonderen Maße besitzt, so ist es eben die weibliche Komponente seiner Veranlagung, die diese Begabung trägt. Das Schreiben von Briefen in den Entwicklungsjahren ist vorwiegend eine weibliche Gepflogenheit, in der die Phantasie ihren ersten Anlauf nimmt, bis sie in solchen Briefen ein zweites Leben beginnt.

Auch darin stimmen alle Kriminalisten überein, dass das Weib zur Unwahrheit neigt. Diese Neigung stammt aus seiner körperlichen Schwäche und seiner zurückgedrängten Stellung im Verkehrsleben. Den Wesen, denen sie die Kraft versagen musste, gab die Natur zum Ausgleich die Verstellung, die List, die Lüge mit. Der ganzen weiblichen Geistesverfassung eignet weiter nicht das, was wir Objektivität nennen, ihre Angaben sind immer gefühlsmäßig – von Lust oder Unlust betont –, wodurch abermals das Abschweifen in das Unwirkliche, in das nur Gedachte, in das Ersonnene, in das lediglich Gefühlte so naheliegt. Das Weib besitzt gar nicht das abstrakte Gefühl für Wirklichkeit und Wahrheit wie der Mann. Das junge Mädchen lügt mit dem unschuldigsten Augenaufschlag. Wir wollen dem hübschen, dem schönen Gesicht nicht glauben, dass der Mund lügt. Wenn die Lügnerin dabei errötet, deuten wir es lieber als ein sympathisches Zeichen der Schamhaftigkeit. Errötet der Mann, so ist es uns gleich ein Signal, dass er schwindelt. Das Weib leidet zufolge seiner seelisch einfacheren Organisation, die hauptsächlich auf gut funktionierenden Instinkten beruht, auch weniger an Gewissensbissen. Die echte Reue ist ja auch beim Manne eine seltene Erscheinung, aber eine Frau, welche bereut hätte, habe ich überhaupt noch nicht gesehen. Selbst gegenüber den klarsten Beweisen – beispielsweise in einem gegen sie geführten Strafprozesse – bequemt sie sich sehr schwer und langsam zu einem Geständnis; sie hat immer noch etwas einzuwenden. Sie legt sich künstlich die törichteste Ausrede zurecht und glaubt innerlich an sie, versucht mit allen Mitteln an sie zu glauben.

Endlich wird auch das Oberflächliche des schauspielerischen Wesens, wie es der Hochstapler braucht, unter dem Einfluss der weiblichen Eitelkeit gut entwickelt. Auf keinem Gebiete der produktiven und darstellenden Künste kann sich das Weib mit seinen Leistungen ebenbürtig neben den Mann stellen, außer in der Kunst des Gesanges und in der Schauspielkunst. Die Schauspielkunst liegt also dem weiblichen Geschlecht an sich – aus den verschiedenen, bereits entwickelten Gründen – sehr gut. Alle Straftaten, bei denen Schauspielerei ein Hilfsmittel ist – beispielsweise auch der Giftmord, der geradezu ein weibliches Monopol genannt worden ist – liegen der Frau. Und der Betrug ist ja immer eine Komödie, die gespielt sein will.

Eine Sonderart des weiblichen Betruges ist der Heiratsschwindel, aber nicht in dem Sinne, wie wir den Mann – unseren Schneider-Grafen mit den bunten Stammtischfähnchen – als Heiratsbetrüger auftreten sahen. Die Frau liebt das schwindelhafte Vermitteln von angeblichen Heiraten, wie wir schon eine Fünfzehnjährige mit solcher Neigung kennenlernten. Ein Stück des kupplerischen Wesens, welches dem Weibe, fast jedem Weibe eignet, kommt dabei mit zum Ausdruck.

In den achtziger Jahren des vorigen Jahrhunderts errichtete in Paris eine Madame Demortier unter dem Namen einer Baronin de la Rochette ein Heiratsbureau. Jeder Klient, der eine reiche Frau begehrte, musste vorher eine Provision erlegen. Ältere Damen in eleganter Toilette spielten die Mutter der Braut, die von einer jungen, liebreizenden Engländerin dargestellt wurde. Die Braut trat als junge Witwe, als geschiedene Frau oder als reiches Mädchen »mit einem kleinen sittlichen Makel« auf. Der Heiratskandidat musste der Braut einen teuren Schmuck schenken oder eine Loge in der Oper bezahlen, in der er die Braut mit ihrer Mutter – aber nur aus der Entfernung – sitzen sehen durfte. Oft war er nicht der einzige, der die Loge bezahlt hatte: es waren ihrer zuweilen mehrere, aber keiner wusste vom anderen. Oder der Heiratskandidat musste Mutter und Tochter zu einem kostspieligen Souper einladen, ja selbst zu einer Reise mit beiden Damen nach London ließen sich einige bestimmen.

Ein ähnliches schwindelhaftes Heiratsbureau in der Person mehrerer Inhaberinnen und Inhaber wurde 1922 in Leipzig verurteilt. In diesem Falle wurde der vornehme Bräutigam angeboten, den der eine Inhaber bald als Offizier, Baron oder Graf, bald als nur bürgerlichen Herrn darstellte. Angelockt wurden junge oder ältere heiratslustige Mädchen und Frauen, welche die Vermittlungsgebühr zahlen mussten. Der

»Bräutigam« besaß falsche Ausweispapiere für eine ganze Reihe von Persönlichkeiten. So glaubte eine Leipziger Dame allen Ernstes Gräfin von Einsiedel zu werden. Die Ehe wurde vor dem zuständigen Leipziger Standesbeamten geschlossen und vor einem wirklichen Notar ein besonderer Ehegütervertrag. Man sieht in der Ausbildung dieser Spezialität den Fortschritt unseres Jahrhunderts. Zu wirklichen Trauungen ließ sich Madame Demortier nicht hinreißen! Der angebliche Graf von Einsiedel legitimierte sich eben auf Grund gefälschter Papiere. Da er an sich verheiratet war, machte er sich – wohl wider Willen und Wissen – außer des Betruges auch der Doppelehe schuldig. Der Herr Graf, ursprünglich Darlehensvermittler, wurde vor der Trauung in einem ersten Leipziger Salon rasiert, frisiert, manikuriert. Es wurde ihm ans Herz gelegt, bei der Zeremonie so wenig als möglich zu sprechen, damit er sich nicht durch seinen Dialekt verrate. Das geistige Oberhaupt war eine Frau, die in einem Salon den aristokratischen Bräutigam mit den heiratslustigen Damen bekannt machte. Es waren förmliche Preisverzeichnisse vorhanden: über Barone, Grafen, bürgerliche Herren usw. Kurzum, in unseren beiden Fällen eine vollständige Komödie mit verteilten Rollen. Die bekannte Kompliziertheit des weiblichen Verbrechens – gegenüber dem vielfach einfacheren des Mannes – kommt schon hier zur Erscheinung. Solche Komödien werden von Frauenhänden gern veranstaltet.

Einen Rekord auf dem Gebiete des Betruges hat das Weib in neuerer Zeit in dem Berliner Falle der

Martha Kupfer geschlagen. Die Tatsachen sind noch in aller Erinnerung. Frau Kupfer stieg aus dem Dunkel einer von kleinen Sorgen und Geldnöten erfüllten Vergangenheit und konnte sich in dem zweifelhaften Ruhm einer Millionenschwindlerin sonnen. Was tat sie? Sie »gründete« – gründete die beiden Unternehmungen, deren Zwecke für den Krieg und die Heimat die wichtigsten waren: die »Nahrungsmittel- und Kriegsbesorgungsgesellschaft«. Mit rund 400 Mark fing sie an, einige Pfund Kunsthonig waren das erste Warenlager. Frau Kupfer hatte eine Hand wie der sagenhafte König Midas: Was sie berührte, wurde zu Gold. Das Geld kam stromweise geflossen und keine Gesellschaftsschicht, die nicht unter den stillen »Teilhabern« der Frau Kupfer vertreten war. Frau Kupfer fälschte und zeigte ihren Geldgebern einen Gesellschaftsvertrag vor, der eine Reihe Herren von hochtönenden Namen – Exzellenz Kirchbach, Graf von Rhoden – als ihre angeblichen Teilhaber nachwies. Sie fälschte den notariellen Stempel dieses Gesellschaftsvertrages, fälschte Auftragsscheine über Bestellungen für Lazarette. Sie erzählte ihren Geldgebern, der Kommandierende General des 19. Armeekorps, von Laffert, sei persönlich zur Abnahme von Lieferungen in Berlin anwesend, er solle im Hotel Adlon wohnen, aber als man hinkam, war er nicht da. Die stillen Teilhaber waren in hohem Maße befriedigt, denn die Einlagen brachten bis ein-, ja bis zweihundert Prozent. Man hatte gar nichts zu tun, als seine Zinsen und Gewinne einzustreichen. Es war alles so mühelos. Bei Frau Kupfer häufte sich der goldene Berg. Schließlich hatte sie – freilich nur auf dem Papier – einen Umsatz von zehn Millionen erzielt; aber sie besaß ein Bankkonto, ein wirkliches, von etwa einer Million.

Frau Kupfer erzählte vor Gericht von ihrer Vergangenheit, dass sie mehrere zum Teil aufgeführte Dramen geschrieben hat, in der Untersuchungshaft schrieb sie ein Filmschauspiel. Sie hatte Verkehr mit Schauspielern und Sängern. Hier liegt offenbar ein psychologischer Zusammenhang mit der Befähigung zur Inszenierung der großen Schwindelkomödie. Sie besaß ein gewisses dramatisches und schauspielerisches Talent, das sie zur Geltung brachte. Eine Komödie, in der sie über hundert zum Teil interessante Personen auftreten ließ, das Zusammenspiel eine Zeitlang erfolgreich leitete und die Inszenierung des Milieus geschmackvoll zu gestalten wusste! Daher auch die Phantasie, deren sie bedurfte, um die gewünschten Illusionen zu erwecken. Andere Triebfedern waren Genusssucht und Eitelkeit. Sie führte ein lebhaftes Haus, es wurde bei ihr recht gut gegessen. Bei ihr lagerten im Keller die besten französischen und deutschen Sekte, die feinsten Weiß- und Rotweine, die kostbarsten Marken Kognak, die teuersten Zigarren und Zigaretten. Nicht minder reich war die Ausstattung der beiden Damen, der Mutter und der Tochter Gertrud Kupfer, auf deren Namen die Firma lautete. Ober- und Unterkleidung aller Art in den kostbarsten Seiden- und anderen Stoffen, Wäsche, Hüte, Schleifen und Bänder ohne Zahl, über tausend Paar Strümpfe, Mengen von Schuhen für alle Jahreszeiten und Gelegenheiten. Dass in diesem schwülen

Luxus auch die Erotik eine Rolle spielte, kann nicht bezweifelt werden. Während der Verhandlung vor dem Schwurgericht lächelte Frau Kupfer nach Frauenart fortwährend in den Zuschauerraum hinein und fühlte sich als Heldin eines interessanten Prozesses. Scheinbar entwickelte sie ein Geschäftsgenie, wie es auf solidem Boden noch von keiner Frau je betätigt worden ist. Sie regierte ihre vielverzweigten Geschäfte und die Unsummen nur durch ihr glänzendes Gedächtnis und ein winziges Notizbuch. Sieht man näher zu, so bestand eben die Begabung hauptsächlich im Schwindeln. Auf solidem Boden hätte Frau Kupfer nie ein solches Riesenunternehmen erfolgreich leiten können. Ihre früheren soliden Unternehmungen, ein Handel mit alkoholfreien Getränken, mit Lebensmitteln, mit Margarine, alle blühten in keiner Weise und gingen ein. Die Geschworenen verneinten die Schuldfrage nach Betrug und gaben damit ihre Meinung zu erkennen, dass die Geschädigten sich selbst durch ihre Leichtgläubigkeit und Gewinnsucht gern getäuscht hätten. Gleichwohl gehört Frau Kupfer zum Typus der großen Hochstaplerinnen. Charakteristisch ist, dass sie ganz allein ohne männliche Helfershelfer die verwickelten Fäden ihres Lügengewebes in ihrer einzigen Hand hielt, bis sie zerrissen. Die Kompliziertheit der ganzen Betrugshandlung erweist die weibliche Hand. Im übrigen war Frau Kupfer ein Zeichen der Zeit. Sie war Ausdruck und Kulisse jener Schicht von Zeitgenossen, für die der Krieg ein nahrhaftes Gewerbe war, aus dem sich für sie nicht Ströme Blutes ergossen, sondern Geld.

Frau Kupfer hat eine ganze Reihe Vorgängerinnen, so die berühmte Therese Humbert in Paris, die mit einer angeblichen Erbschaft von nicht weniger als 110 Millionen jahrelang die Mitwelt genasführt hat. Ebenfalls eine Komödie mit Masseninszenierung nach echter Frauenart. Man erinnert sich auch der Gaunergeschäfte der sogenannten Dachauer Bank in München, deren Begründerin Adele Spitzeder eine hässliche und für die Bühne nicht talentierte Schauspielerin war. Sie annoncierte in den Zeitungen, dass sie Darlehen zu hohen Verzinsungen aufnehme. Schon ihr wurde das Geld nur so zugetragen, denn alle Welt wünschte seine Gelder bestens anzulegen. Mit den neu eingehenden Geldern zahlte sie die fälligen Zinsen, bis ihr die Sache über den Kopf wuchs und alles zusammenbrach.

Der folgende Fall scheint uns wieder in das Märchenland zu versetzen. Henriette Pauline Wilke war ein Berliner Kind oder vielmehr aus Charlottenburg gebürtig. Armer Leute Kind – der Vater war Hausdiener gewesen – hatte sie früh Vater und Mutter verloren. Eine angesehene Familie, bei der ihre Großmutter als Wirtschafterin diente, nahm sich ihrer an, sie erhielt eine Erziehung, die über ihren Geburtsstand hinausreichte. Sie ging von einem Familiengliede zum anderen über, überall mehr als Pflegetochter denn als Dienstbote behandelt. Eine Zeitlang war sie Erzieherin in einer Bankiersfamilie, schließlich zog sie zu einer ihr schon von früher her bekannten siebzigjährigen hochachtbaren und unverheirateten Dame, einem Fräulein Niemann, Tochter eines Kriegs- und

Domänenrates, die an ihr Patenstelle vertreten hatte. Pauline erzählte der Niemann alle ihre Erlebnisse, von den Herrlichkeiten in dem reichen Bankiershause, von schönen Spazierfahrten und interessanten und vornehmen Bekanntschaften. So habe sie die Bekanntschaft der Fürstin Luise von Radziwill gemacht, der Tochter des Prinzen Ferdinand von Preußen, die in Berlin lebte. Die Fürstin wolle sich der Waisen annehmen und habe versprochen, ihr bei einer auf Staatskosten zu errichtenden Schulanstalt eine Anstellung zu verschaffen. Hierzu sei aber ein gewisser Fonds erforderlich; vielleicht gebe die Niemann für ihre Pate einen Betrag. Es geschah. Die Niemann übermittelte durch Pauline selbst 500 Taler. Die fürstliche Wohltäterin setzte sich nun mit Fräulein Niemann in brieflichen Verkehr. Alle diese Briefe schrieb Pauline selbst. Die Fürstin teilte mit, dass der König Friedrich Wilhelm III. von Preußen bei ihr die Bekanntschaft Paulines gemacht habe, den Unternehmungsgeist des jungen unschuldigen Kindes bewundere und wünschte, dass der Schulfonds um weitere 400 Taler erhöht werde; er lasse fragen, ob Fräulein Niemann bereit sei, dem Staat zu diesem Unternehmen auch diese Summe noch auszuzahlen. Die vertrauensselige Dame gab auch diesen Betrag, in Staatspapieren wie früher, an Pauline zur Ablieferung. Danach schickte der Staatsminister Monßen eine angeblich eigenhändig vollzogene Quittung. Weiter schrieb die Fürstin, sie befinde sich augenblicklich selber in einer traurigen Lage, sie brauche zu einer Prozessführung mit ihrem Bruder, dem Prinzen August, 700 Taler. Die gute Niemann half der Prinzessin gern aus der Verlegenheit. Schließlich schrieb auch der König Friedrich Wilhelm an die alte Dame. Es sei seine Absicht, von einigen seiner Untertanen ein Kapital aufzunehmen, um die sonst nötige Erhöhung der Abgaben zu vermeiden. Seine Majestät erwarte von ihrem bekannten loyalen Charakter, dass sie nicht zurückstehen werde. Pauline wusste das alles übrigens auch aus des Königs eigenem Munde und hatte es ihrer Pate schon mündlich angedeutet. Die Niemann gab – selbstverständlich durch Pauline –, aber der König brauchte immer mehr Geld. Nachdem die Niemann alle ihre Staatspapiere und Pfandbriefe – zusammen 12.000 Taler – hingegeben hatte, wurde sie durch den König bzw. Pauline bestimmt, auf ihr Haus in Charlottenburg zuerst 4000, dann noch 3000 Taler aufzunehmen. Die versprochene Zurückzahlung wurde dann leider durch verschiedene widrige Umstände immer verzögert. Schließlich aber wurde sie doch bewirkt, freilich in eigenartiger Weise. Die Niemann erhielt vom König durch Pauline eine verschlossene Mappe mit dem dazugehörigen Schlüssel zugestellt. Zugleich empfing sie aber die Weisung, die Mappe nicht eher zu öffnen als der König bestimme. Er werde zu diesem Zwecke den Kammergerichtsrat Ballhorn zu ihr schicken. Pauline erzählte, der König habe ihr Vertrauen königlich belohnt, in der Mappe würden sich gegen 50.000 Taler in Papier finden. Die Alte widerstand der Versuchung und öffnete nicht. Die Schwindlerin spann die Fäden immer noch weiter. Der Möbelhändler Schröder, bei dem Pauline Wilke bedeutende

Einkäufe gemacht und bar bezahlt hatte, hielt sie für reich und fragte sie, ob sie ihm nicht 5000 Taler gegen Zinsen leihen könne. Sie erklärte, ihre mütterliche Freundin sei bereit, das Geld zu geben, es liege aber in Pfandbriefen gegen aufgenommene 500 Taler irgendwo deponiert. Wenn er diese Auslösungssumme vorstrecke, könne er die Pfandbriefe haben. Nachdem Schröder dieses Geld gegeben hatte, verlangte die Wilke noch zweimal je 500 Taler, da sie sich über die Pfandsumme geirrt habe. Als er endlich das versiegelte Paket in die Hand bekam, das sich im Gewahrsam der Niemann befand, und es öffnete, fanden sich darin keine Pfandbriefe, sondern nur mehrere Bogen leeres Papier. Alles erschwindelte Geld hat die Wilke in großem Aufwand verlebt und vergeudet. Sie fuhr in der elegantesten Equipage durch die Straßen Berlins, anfänglich hatte sie Pferde und Wagen gemietet, später fuhr sie im eigenen Geschirr. Zuletzt wohnte sie in einer ganzen Villa am Tiergarten, die sie auf das vornehmste ausgestattet hatte. Sie hielt einen Livreebedienten, einen Kutscher, Köchin, Dienstmädchen und Gesellschafterin. Sie trug die teuerste Kleidung, war die gefeiertste Kundin aller Geschäftsinhaber und besuchte im Winter fast alle Abende das Theater. Sie war der Gegenstand der öffentlichen Aufmerksamkeit, man drängte sich um ihren Wagen, wenn sie aus- oder einstieg. Man rühmte ihre Liebenswürdigkeit und Wohlwollen noch, man sprach von ihren Reisen nach Brüssel, London und den böhmischen Bädern. Im Volksmunde hieß sie – es war in den Jahren 1835 und 1836 – die Goldprinzessin. Sie war nicht schön.

In den gewöhnlichen Zügen ihres sonst regelmäßig hübschen Gesichts lag nichts von einem ungewöhnlichen Zauber. Aber sie hatte einen blendendweißen Teint und ins Rötliche streifende blonde Haare. So kam sie wohl zu dem Namen Goldprinzessin. Sie war damals 21 Jahre alt. Der Niemann, der ihr Aufwand ja schließlich auffallen musste, log sie vor, sie sei mit dem brasilianischen Grafen Villamor verlobt, der seinen Reichtum über sie ausgieße. Die Niemann glaubte alles und verlor ihr ganzes Vermögen.

Ihre Beweggründe waren nicht Habsucht, Eigennutz, Rachsucht oder eine starke Sinnlichkeit. Sie wurde bei der Untersuchung als unbefleckte Jungfrau befunden. Die Genusssucht war ihr Nebensache, sie hatte dasBedürfnis und die Lust zu scheinen. Sie hatte keine Lust, in Stellung zu gehen, sie hatte nach ihren eigenen Worten den Hang, als große Dame in der Welt zu leben. Sie war wie ein Schmetterling, der im Sonnenschein spielte und von einer Blume zur anderen flatterte. Nach einem Polizeibericht soll sie von Jugend auf ein höchst lügenhaftes und freches Mädchen gewesen sein. Andere Zeugen aber bekundeten, sie sei eine stille und ruhige, sehr gutmütige Person gewesen. Bei der Bankiersgattin, wo sie früher Erzieherin gewesen war, ging sie auch später aus und ein. Ihre Erzählungen und Berichte unterhielten und entzückten. Sie gab sich als die heimliche Braut eines Grafen Cäsar von Dankelmann aus; sie selbst sei eine uneheliche Tochter des Herzogs von Modena. Sie werde von Freiern umschwärmt. Ihr besonderer guter Freund sei der Herzog Karl von Mecklenburg-Strelitz, der ihr zum

Geburtstag sein Schloss Monbijou geschenkt habe. Der Prinz August von Preußen habe bei ihr geschlafen. Die von ihr geschriebenen Briefe der Fürstin Rodziwill und des Königs Friedrich Wilhelm atmen den Romanstil der damaligen Literatur. Man könnte bei der Wilke an eine verlorengegangene Romanschreiberin denken. Auch der ihr vom Volksmunde beigelegte Name »Goldprinzessin« hat einen romanhaften, vielleicht auch märchenhaften Einschlag. Die Briefe an die Niemann begannen: »Unserer treuen, vielgeliebten Niemann unseren herzlichen, herzlichen Gruß!« Als der König wieder um Geld bittet, schreibt er: »Gott soll mich strafen, wenn ich böse Absichten hegen wollte, nein, ich bin ein guter König und bin gerecht.« Er unterzeichnete: »Euer Euch wohlgewogener König Friedrich Wilhelm.« Der Fall ist ein Schulbeispiel ausgezeichneter Art. Die Wilke ist die geborene Phantastin, die das Märchen realisieren und einen Roman ausleben will. Ihre Anfänge sind harmlos. Man erkennt den Mutwillen eines jungen, eitlen Dinges, das sich im Aufschneiden gefällt und zunächst ohne besondere Zwecke unsinnige Prahlereien vorbringt. Je mehr ihr geglaubt wird, um so Tolleres und Abgeschmackteres kommt aus ihrem Munde. Die große Inszenierung und die Einkleidung des Schwindels in Briefform sind wieder echt weiblich.

Einzig in der Kriminalgeschichte steht der berühmte Juwelenbetrug da, der in den siebziger Jahren des vorigen Jahrhunderts an einem der ersten Pariser Juweliere verübt wurde. Eine elegante Dame stellte sich ihm als Gattin eines berühmten Irrenarztes in Paris vor, dessen

Tochter sich gerade mit einem reichen französischen Aristokraten verlobt hatte. Es war Stadtgespräch, der Juwelier wusste davon. Er legte die kostbarsten Sachen seines Warenlagers vor, schließlich wollte die Dame die schwierige Wahl ihrem Gatten überlassen. Ein Angestellter fährt mit ihr nach dem Sanatorium des Arztes, die Gattin trägt die kostbaren Schmuckstücke ihrem Mann in das Sprechzimmer, kommt aber nicht zurück. Nach einer Viertelstunde klopft der Angestellte schüchtern an der Tür des Sprechzimmers, tritt hinein und trifft den Irrenarzt, dem er in nervöser Hast die Geschichte vom Grunde seines Hierseins erzählt. Der Arzt redet ihm sanft zu, ohne auf die Juwelengeschichte näher einzugehen. Als der Angestellte dann in zunehmender Erregung sich heftig und zudringlich zeigt, schreit und tobt, lässt ihn der Psychiater in eine Zwangsjacke stecken und einsperren. Die Hochstaplerin hatte dem Arzt von ihrem unglücklichen Sohne erzählt, der seit Wochen von der Wahnidee befallen sei, dass man ihm kostbare Juwelen entwendet habe. Der Sohn warte im Vorzimmer, und der Arzt solle ihn in Behandlung nehmen. Sie zahlte auch gleich Vorschuss für eine Anstaltsbehandlung. Dann bat sie den Psychiater, sie durch eine andere Tür des Sprechzimmers zu entlassen, da es ihrem Mutterherzen tiefen Schmerz bereiten würde, dem bedauernswerten Sohne nochmals zu begegnen. Mit den Juwelen verschwand sie. Es handelte sich um das Bravourstück einer aus kleinen Anfängen hervorgegangenen, durch die Übung schließlich zur Virtuosin erwachsenen Schwindlerin mit darstellerischer Begabung.

Ein besonderer Typus ist die erotische Hochstaplerin. Sie geht darauf aus, Männer in ihre Netze zu ziehen und auszubeuten. Sie ist eine Geschlechtslüsterne, die ihre Reize verkauft, verschenkt und gelegentlich aufrichtige Neigung heuchelt. Sie hat die Sucht, die große Dame zu spielen, und ist unfähig zur ehrlichen Arbeit. Oft ist sie zugleich Diebin oder Erpresserin. Schon erschreckend früh können sich solche Neigungen entwickeln. Im Juli 1905 fasste die Pariser Kriminalpolizei eine Hochstaplerin und Erpresserin im hoffnungsvollen Alter von 13 Jahren ab. Seit ihrem elften Jahre führte das früh entwickelte Mädchen einen höchst frivolen Lebenswandel. Mit 12 Jahren hatte sie bereits einen Anbeter, der ihr eine kostbare Wohnungseinrichtung schenkte, und von nun an trat sie als Marquise von Grandville auf. Später spielte sie die Rolle einer Lady Beaugrand. Die großsprecherischen Namen sind charakteristisch. Das Geld, das sie zu ihrem glänzenden Lebensunterhalt brauchte, beschaffte sie sich auch teilweise dadurch, dass sie Männer anlockte und dann Erpressungen gegen sie beging, indem sie ihnen drohte, sie wegen Sittlichkeitsverbrechen anzuzeigen, wenn sie ihr nicht große Summen opferten.

Die Variationen sind zahlreich. Eine fein gekleidete Dame, die durch reichen Brillantschmuck und einen Blumenstrauß die Aufmerksamkeit auf sich lenkte, gehörte in stark besuchten Weinlokalen in Berlin in der Regel zu den Personen, die vor der Telephonzelle ein Weilchen anstehen mussten. Der große Blumenstrauß, den sie in der Hand trug, führte dann regelmäßig zur Anknüpfung eines Gespräches mit einem Herrn. Sie gab sich als Schlossherrin aus, als die einzige Tochter eines in Böhmen reichbegüterten Fürsten von Kinski und dessen künftige Alleinerbin. Von einer Südamerikareise zurückgekehrt, hatte sie nach und nach ihre flüssigen Geldmittel aufgebraucht und nahm dankbar an, was ihre Verehrer ihr im Hinblick auf die künftige eheliche Verbindung und die Erbschaft vorschossen. Ein Herr, der sie zu heiraten beabsichtigte, opferte so etwa 60.000 Mark. Bei ihrer Verhaftung entpuppte sie sich als früheres Dienstmädchen und spätere Friseuse. Ihre Brillanten erwiesen sich als unecht. Sie ist ein weiblicher Heiratsschwindler, den wir in dieser Gestalt, die sich neben den üblichen männlichen Berufskollegen stellt, noch nicht getroffen haben. Das ehemalige Dienstmädchen tritt mit Erfolg als Fürstentochter auf. Wir erwähnten schon, dass es Mädchen aus unteren Kreisen gibt, die in ihrer Erscheinung und in ihrem Auftreten von Natur einen aristokratischen Zug zu haben scheinen. Sieht man näher zu, so zeigen aber Sprache, Anschauungen und Bildung schnell, dass die aristokratische Abstammung trügerisch ist. Freilich, es gibt Aristokratinnen, deren Gesamterscheinung schließlich wenig »fürstlich« stimmt. Man sagt der aus unteren Schichten in die Aristokratie durch Verheiratung aufgestiegenen Frau nach, dass sie niemals ihre Herkunft verleugnen könne, was dem Manne leichter gelingt. Die Frau ist nicht so anpassungsfähig wie der Mann und auch deshalb zur Hochstaplerin nicht so befähigt wie er.

Es gibt noch andere Heiratsschwindlerinnen. In den Gerichtsarchiven von Taunton (englische Grafschaft Somerset) findet sich ein Bericht vom Jahre 1746, demzufolge eine Frau Mary Hamilton angeklagt war, weil sie sich, als Mann verkleidet, mit vierzehn verschiedenen – Frauen hatte trauen lassen. Ihre letzte »Gattin«, Mary Price ließ sie verhaften; sie wurde »als ungewöhnlich ruchlose Schwindlerin« zur öffentlichen Auspeitschung und zu sechs Monaten Kerker verurteilt. Nach Mantegazza wurde 1777 in London eine Frau zu Kerker verurteilt, die sich, als Mann verkleidet, dreimal mit verschiedenen Frauen »verheiratet« hatte.

Zu den erotischen Hochstaplerinnen rechne ich auch eine Dame meiner eigenen ehemaligen staatsanwaltschaftlichen Praxis. Margarete S., Tochter eines bekannten Professors E. in Dresden, war nach der Bekundung ihres eigenen Vaters eine sehr gute Tochter bis zu ihrem 24. Lebensjahre. Gleichwohl war sie, im Auslande geboren, erblich belastet. Ihre Großmutter war eine schwer hysterische Frau. Eine Tante musste in sehr frühem Alter in eine Privatirrenanstalt gebracht werden und deren Sohn befand sich ebenfalls in einer Irrenanstalt. Zwei missratene Ehen zogen das Nervensystem der geschiedenen jungen Frau in Mitleidenschaft. Ihr hysterischer Einschlag zeigte sich darin, dass sie dem Gerichtsarzt, der sie körperlich untersucht hatte, und auch mir erotische Absichten in bezug auf ihre Person unterschob. Ihre Hochstapeleien bestanden darin, dass sie unter ihrem richtigen Namen in allen möglichen Geschäften teure

Stücke für ihre Toilette auf Kredit entnahm, ohne die Mittel zur Bezahlung zu besitzen. Ebenso begab sie sich wochenlang auf Reisen, wohnte und lebte sehr gut in ersten Hotels, bis sich ihre Zahlungsunfähigkeit herausstellte. So kam sie in erster Instanz zur Verurteilung wegen Betruges, später auch wegen Erpressung und versuchter Nötigung. Der Gerichtsarzt erklärte sie für entartet. Sie leide an außerordentlicher Selbstüberschätzung und sei von ihrer Unwiderstehlichkeit den Männern gegenüber fest überzeugt. Ihren Charakter und Geist kennzeichneten Mangel an Wirtschaftlichkeit, Verschwendungssucht, Unfreundlichkeit, außerordentliche Undankbarkeit, Mangel an ethischem Empfinden und Urteilsschwäche. Sie betonte wiederholt, dass sie eine anständige Frau sei und nichts dafür könne, dass sie schön, schick und temperamentvoll sei. Ihre Schönheit habe sie in Dresden sogar um eine Stellung im Zentraltheater als Schauspielerin gebracht. Der Direktor habe ihr erklärt, dass sie mit ihrer Schönheit alle Kolleginnen in den Schatten stellen würde, weshalb er sie nicht engagieren könne. Die Ärzte erklärten sie zunächst nur für vermindert zurechnungsfähig. Auf ihre Berufung hin aber wurde sie freigesprochen, weil die Ärzte mit der Zeit doch die Überzeugung gewannen, dass ihre Zurechnungsfähigkeit zweifelhaft sei. Mit diesem Freibriefe in der Hand setzte bei Margarete S. eine neue Betrugsperiode ein. In den ersten Geschäften Dresdens stattete sie sich aufs neue vornehm aus, kaufte auf Kredit seidene Kleider, Samtmantel, Strümpfe, feinste Unterwäsche usw. »Schicken Sie die Rechnung an Herrn Staatsanwalt Dr. Wulffen, er bezahlt für mich alles!« war ihre Erklärung in den Modeläden. Und prompt erhielt ich alle Rechnungen über diese schönen Dinge von den Geschäften zugesandt. Dazwischen bombardierte sie mich mit duftenden Briefen, in denen sie mich, ohne mich ihrer Gegenliebe zu versichern, sehr energisch aufforderte, sie, die ich durch meine fehlgeschlagenen Anklagen so stark kompromittiert habe, vor der Welt zu rehabilitieren und endlich zu heiraten. Sie schrieb auch einen Brief an den damaligen Deutschen Kaiser; er möchte ein Machtwort sprechen und mich veranlassen, mich von meiner Frau scheiden zu lassen und ihr die Hand fürs Leben zu reichen. Schließlich trieb sie es ganz toll. Sie reiste in den deutschen Großstädten umher und lebte sehr kostspielig in den ersten Hotels, so beispielsweise im »Russischen Hof« in München usw. Sie bezahlte nicht, sondern brachte es fertig, den Hoteldirektor glauben zu machen, dass der Dresdener Staatsanwalt Dr. Wulffen die Hotelrechnung begleichen werde. Dies begründete sie folgendermaßen: Der Staatsanwalt habe gegen sie eine Reihe verfehlter Anklagen erhoben, schließlich sei sie mit Recht als unschuldig freigesprochen worden. Die sächsische Staatskasse sei verurteilt worden, die Kosten zu tragen, folglich auch die Kosten der Vergnügungsreise, die sie zur Beruhigung ihrer Nerven habe unternehmen müssen, um sich von dem ihr aufgedrängten Strafverfahren und der erlittenen Untersuchungshaft zu erholen. Noch erstaunlicher aber als diese Kühnheit der Behauptung war der Erfolg: einige Direktoren erster Hotels ließen mir tatsächlich die großen Rechnungen mit der näheren Begründung zugehen und baten um Begleichung!

Damit sind wir bei den psychopathischen Hochstaplerinnen angelangt, unter welchen die hysterischen eine hervorragende Rolle spielen. Mit der Hysterie – kurz gesagt einer Erkrankung mit verschiedenen körperlichen und seelischen Ausfallserscheinungen – pflegen Übertreibungen, unbewusste und bewusste Erinnerungsfälschungen, Lügenhaftigkeit und theatralische Neigungen verbunden zu sein. Die Voraussetzungen für phantastische Schwindeleien sind also ohne weiteres gegeben.

Die dreiundzwanzigjährige hysterische Cölestine Wurm litt seit ihrem siebenten Lebensjahre an Geschwüren und Wunden und war fast immer an das Bett gefesselt. Als die religiöse Ökonomsfamilie Korn an ihrem Schicksal Anteil nahm und sie beschenkte, beschloss Cölestine unter Beistand ihrer Eltern, diese Güte gründlich auszunutzen. Sie erzählte Korns, deren verstorbene Tochter Ursula sei ihr im Traume erschienen, habe über ihr Leiden im Fegefeuer geklagt und gebeten, die Eltern Korn möchten ihr Opfer bringen und ihre Aussteuer, die ja auf Erden nicht zur Auszahlung komme, in den Himmel nachsenden. Der gläubige Vater Korn übergab Cölestine 1000 Mark Bargeld zur Übermittlung an Ursula. Cölestine vermittelte im Fortgange zwischen Korns und dem Himmel einen regelrechten Briefwechsel, im ganzen fünfzig Briefe Ursulas an ihre Eltern und dreißig Briefe dieser an ihre verstorbene Tochter. Diese »Himmelsbriefe« schrieb alle Cölestine selbst auf schönen, goldgeränderten Briefbogen, die ihre schlaue Mutter zu diesem Zwecke einkaufte. So dankte Ursula für die ihr gesandte Photographie ihrer Schwester Lina; im Himmel sei das Bild dreimal so groß wie auf der Erde. Ursula sicherte zu, auch ihr Lichtbild gelegentlich schicken zu wollen. Dann teilte sie aus dem Himmel mit, dass sie dort ein Knäblein geboren habe und bat um Geld und Ausstattung. Weil gerade »zwei wunderschöne Bettstättlein mitsamt den Betten und zwei prachtvolle goldene Kannen« für den Spottpreis von zehn Mark im Himmel zu haben wären, möchten die Eltern das Geld durch Vermittlung Cölestines schleunigst schicken. Der Engel Joseph Förster, Ursulas himmlischer Gatte, von dem sie sehr bald zum zweiten Male Mutter wurde, dankte aus dem Himmel für gesandte Kartoffeln, die ausgezeichnet geschmeckt hätten, und für die Kindertrompete, welche die Großeltern geschickt hatten. Später dankte auch Mutter Maria eigenhändig in einem Briefe für gespendete 2500 Mark. »Wir haben Euch wieder vor einem großen Unglück beschirmt, denn es wären Euch zwei Kühe zugrunde gegangen, wenn ich nicht sofort fünfzig Engel ausgesandt hätte.« Schließlich schrieb sogar Jesus Christus an Korns. Auch er bat regelmäßig um Geld. Dafür gab er allerhand Zusicherungen. Er gelobte, dem Hermann Korn beizustehen, damit er nicht zu den Soldaten käme. Ein andermal schrieb er: »Oh, liebe Stellvertreter Gottes auf Erden, ich habe es wohl gehört, wie Ihr so traurig zu der kranken Cölestine gesagt habt, wenn nur erst die alte Großmutter einmal sterben möchte. Lasset den Mut nicht sinken, ich werde die Großmutter einmal unverhofft holen!« Die Eheleute Korn, die als sehr beschränkt galten, wurden auf diese Weise um 8000 Mark betrogen. Die Eheleute Wurm wurden deswegen im Jahre des Heils 1898 vom bayrischen Landgericht Kempten wegen Betruges und Hehlerei verurteilt. So aktenmäßig getreu berichtet und dargestellt. Charakteristisch ist, wie die hysterische Veranlagung bei Cölestine den Zusammenhang mit dem Religiösen und Sexuellen findet, in welchem ihre Phantasien geradezu schwelgen. Der Vergleich mit Gerhart Hauptmanns armseligem Bettelkinde Hannele Mattern (»Hanneles Himmelfahrt«) liegt auch hier nahe. Hannele träumt in ihren Fieberträumen, dass sie mit dem Lehrer Gottwald, der in der Christusgestalt erscheint, verlobt ist. Auch Hannele ist ein hysterisches Mädchen. Auch in diesem Falle als echt weiblich das Ausleben der Phantasien in einem Briefwechsel und das theatralische Spiel mit einer ganzen Reihe Personen. Das Ausleben ihrer religiösen und versteckt sexuellen Phantasien war für Cölestine auf ihrem Schmerzenslager der Hauptbeweggrund ihres Treibens. Welchen Gedanken hätte sich die Kranke anders hingeben sollen, als an ihre freudlose unerotische Mädchenschaft und der Erwartung künftiger himmlischer Freuden? Obwohl sie den Glauben an die ewige Seligkeit besaß, stand sie doch nicht an, diese mit Unwirklichkeiten zum Zwecke des Betruges auszufüllen. Dabei wäre es aber nicht unmöglich, dass sie sich in ihrer Einfalt die Seligkeit so, wie sie in ihren Briefen sie beschrieb, vorgestellt hätte. Vielleicht hoffte sie auch, im Himmel gefreit zu werden und Mutterfreuden zu genießen. Das Schwelgen in solchen Phantasien verschönte ihr das Krankenlager.

Auch das »Blumenmedium« Anna Rothe, die hysterische Frau eines Kesselschmieds, ist hier zu nennen: 1902 in Berlin entlarvt und 1903 wegen Betruges in 48 Fällen zu einem Jahr und sechs Monaten Gefängnis verurteilt. Professoren und Doktoren behandelten sie mit Ehrfurcht, Gräfinnen und Fürstinnen haben sie geduzt und geküsst. Sie überschüttete die Teilnehmer ihrer spiritistischen Sitzungen mit wahrem Blumenregen. Sie tat einen schnellen Griff in die Luft und hatte eine Apfelsine in der Hand. Einer Spanierin, die Früchte aus ihrer Heimat verlangte, überreichte sie einen Eukalyptusstrauch, je einen Meter breit und hoch. Einmal ließ sie Zwingli erscheinen; er war ein korpulenter Mann im hellen Sommeranzug mit Jackett. Ein andermal apportierte sie Glieder einer Kette, angeblich aus den ägyptischen Königsgräbern stammend; es war aber eine Kette, wie man sie in der Leipziger Straße in Berlin damals für fünfzig Pfennig kaufte. Ein Zeuge konnte sehen, dass die Rothe die Blumen, die sie erscheinen ließ, an Bindfäden in den Unterkleidern um den Leid gebunden hatte. Sie trug einen Unterrock tütenartig um den Leib. Als sie in einer spiritistischen Sitzung von Kriminalbeamten entlarvt und an beiden Händen festgehalten wurde, leistete sie erstaunlichen Widerstand. Es gab einen wohl zwanzig Minuten währenden Kampf. Sie rief: »Fasst mich nicht an, es kann mein Tod sein!« Man fand in ihrem Unterrocke versteckt 153 Blumen und ein Dutzend Apfelsinen. Ihr Ehemann, der der Impresario der Schwindlerin war, meinte: Seine Frau habe gewiss keine Blumen bei sich gehabt, die seien ihr nur bei der Verhaftung in der Todesangst gekommen. Anna Rothe war halb überzeugte Spiritistin und besaß die Fähigkeit, zu jeder Zeit in Halbtrancezustand zu verfallen. Sie war eine abnorm veranlagte Person, eine Hysterca. In ihren Trancezuständen trat eine nicht gerade tiefe Trübung ihres Bewusstseins ein, sie will in Trance auch Visionen gehabt haben. In ihren Trancereden kam ihr ihre poetische Ader zustatten, sie reimte aus dem Stegreif usw. Infolge ihrer hysterischen Veranlagung und der Gläubigkeit, die sie überall erweckte, hat sie schließlich nicht mehr ein reines und volles Bewusstsein ihrer Betrügereien besessen. Sie wurde letzten Endes eine gutgläubige, begeisterte Betrügerin. Es mag sein, dass die Mediumeigenschaft gewisse Wirkungen hervorzubringen vermag. Jedenfalls sind die medialen Kräfte nicht immer gleichmäßig auf der Höhe, das Medium nicht immer in Stimmung. Da immer »Wunder« von ihm verlangt werden, entschließt es sich zu kleinen und später zu größeren Tricks, die es schließlich neben seinen eingebildeten oder tatsächlichen Kräftewirkungen nicht für verboten hält. Nachdem die Rothe auch nur einige Male geschwindelt hatte, konnte sie von diesem Wege nicht wieder abkommen. Selbstverständlich spielte auch die geschäftliche Seite eine große Rolle; die Rothe verdiente viel Geld. Eine Phantastin, eine Gauklerin, eine Taschenspielerin, eine Durchführung vollständiger Komödien in allerlei Gestalt.

IV.

Wiederholt streiften wir die Berührungspunkte, welche die Psychologie des Hochstaplers mit der künstlerischen Betätigung, zumal mit der dichterischen und schauspielerischen, aufweist.

Es besteht ganz gewiss eine psychologische Verwandtschaft zwischen dem dichterischen Vermögen und der hochstaplerischen Veranlagung. Der Dichter steht dem Menschen und der Welt fremd gegenüber, aber sein Geist und seine Seele ringen darum, sie zu begreifen, zu erschließen, zu erklären. Gerade hierin besteht seine höchste Poetenaufgabe. Die Natur gab ihm die Fähigkeit mit, sich in die Menschen aller Art einzufühlen und anscheinend unverständliche Ereignisse auszudeuten. Behilflich dabei ist ihm seine Phantasie, die ihm tastend neue Pfade zeigt und Abbilder der Menschen und Nachbildungen von Begebenheiten vorzaubert. Er kann sich nicht immer an das Reale, was schon einmal geschehen ist, halten, er muss tausend Möglichkeiten und scheinbare Unmöglichkeiten aufsuchen, entwerfen und darstellen. Nur auf diesem Wege kommt er dem großen Geheimnis von Seele und Welt näher. Und diese phantastischen tausend Möglichkeiten und Unmöglichkeiten sind es, die ihn seitwärts der Wirklichkeit führen, genau wie den Hochstapler seine Phantasien und Illusionen auf die Wege des Schwindels, des Betruges. In der höheren Aufgabe des Poeten liegt es, die Charaktere der Menschen, die ihm zum Vorbilde dienen, und die Begebenheiten, die er darstellen will, nach seinem inneren Plane zu verändern, abzuwandeln, umzugestalten. Etwas ähnliches unternimmt der Schwindler. So wird Goethes Wort, das er in »Wahrheit und Dichtung« über sich selber als kindlichen Märchenerzähler ausspricht, vollkommen beglaubigt, zumal wenn er hinzufügt: »Betrachtet man dieses Getriebe (Luftgestalten und Windbeuteleien nennt er es kurz vorher), so möchte man in ihm diejenige Anmaßung erkennen, womit der Dichter selbst das Unwahrscheinlichste gebieterisch ausspricht und von einem jeden fordert, er solle dasjenige für wirklich erkennen, was ihm, dem Erfinder, auf irgendeine Weise als wahr erscheinen konnte.« Es ist nicht auffällig, dass eine so wertvolle Betätigung mit einer minderwertigen in äußersten Punkten sich so nahe berührt. Auch Genie und Irrsinn haben bekanntlich Grenzgebiete.

Auch andere Künste, zumal die darstellenden, grenzen in ihrem Tasten, in ihren Phantasien an das Unechte, an den Schwindel gelegentlich an. Vielleicht kann man sagen, wer überhaupt Innerstes in der Darstellung veräußerlichen will, wird zuweilen die leichten Pfade des Schwindlers wandeln müssen. Wer ist ganz echt? Goethe fast immer. Schiller vielfach nicht; er »schillert« fast immer. Ist Rafael stets ganz echt in bezug auf Innerlichkeit? War es etwa Praxiteles? Es wird nicht alles in den erhabensten Schaffensstunden vollendet, es folgen Ermattungen, Versagungen. Nur die ganz Großen suchen sich rein und echt zu erhalten und setzen das Werk darüber zurück. Die Künstler mittlerer und kleinerer Art wünschen vor

allem das Werk, um dessentwillen verändern sie sich
selbst, verfälschen sie sich. Da leidet die Echtheit.
Man betrachte unter den Malern die Expressionisten,
vor allem die vom Impressionismus Übergelaufe-
nen. Sind sie etwa echt? Verfälschen sie sich nicht?
Schwindeln sie nicht? Gehört schließlich solches
»Schwindeln« nicht dazu, um neue Bahnen der Kunst
zu finden? Steht es so fest, dass bei der tiefsten und
reifsten Kunst nicht doch ein Hauch Schwindel dabei
sein kann? Es gibt Schauspieler, die das Publikum zu
Tränen rühren und selber im Innersten kalt bleiben,
ja ihren Partner mit Witzen aus dem Text zu bringen
suchen. Man sieht auch hier, höchste Kunst kann sich
mit dem »Schwindel« berühren.

Friedrich Nietzsche hat gesagt, dass der Dichter
eine »Nachbarschaft zum Verbrechen« hat. Die Tatsachen scheinen ihm recht zu geben. Das Kunstwerk
steigt aus den Urtiefen des Unterbewussten, wo die
menschlichen Urtriebe, zum Verbrechen immer bereit, gebändigt liegen, nächtlich herauf. Der Sturm
der Leidenschaft, die Gewalt der nach Ausdruck
ringenden Kraft reißt an diesen Ketten und sprengt
sie, so dass Schaffender und Verbrecher unheimlich
nebeneinander herschreiten können. Wir erinnern
uns der Bilderfälschungen einer begabten Dichterin,
Lena Christ, die mit Selbstmord endete. Wie leicht
vermag die ungebändigte Phantasie des Künstlers die
Schranken des Gesetzes zu überspringen. Pietro Are-
tino ist ein »Fürst der Diebe« genannt worden, weil
er mit seinen literarischen Erpressermethoden den
Großen das Geld aus der Tasche zu ziehen verstand.

Das literarische Verbrechen der Fälschung liegt dem Dichter nahe. Man kennt die berühmt gewordenen Fälle, die zu Vermögensvorteilen ausgenutzt wurden, wie Macphersons »Ossian« und des jungen Chattertons Dichtungen, die er für Arbeiten mittelalterlicher Mönche ausgab. Und wie steht es mit den großen Entlehnern? War Shakespeare etwa keiner? Und der Komponist Georg Friedrich Händel? Sein Biograph Chrysander hat nicht weniger als fünf Bände von Kompositionen veröffentlicht, denen Händel tributpflichtig war. Chrysanders Nachfolger, Max Seifert, fügte noch Keisers Oper Octavia hinzu, aus der Händel mit großartiger Unbedenklichkeit ganze Seiten in seine eigenen Werke, wie immer ohne Quellenangabe, herübergenommen hat. Und »musikalischer Diebstahl« galt schon damals, auch in London, als unehrenhaft. Dass Händel seine Vorgänger mit Vorbedacht und mit System benutzt hat, ergeben die von ihm selbst geschriebenen Notenbücher, die nichts als Abschriften fremder Kompositionen enthalten, welche zum großen Teil in Händels Werken sich wiederfinden. Um nicht entdeckt zu werden, benutzte er fast ausschließlich Unbekanntes und Ungedrucktes. Taylor und Nevman nehmen geradezu an, dass Händel an »musikalischer Kleptomanie« gelitten und dass es ihn gekitzelt habe, auch ohne Zwang fremdes Eigentum als eigenes Erzeugnis auszugeben. Wie weit war der große Händel vom Hochstaplertypus entfernt? Wissen wir ferner nicht schon längst, dass die große Gelehrsamkeit allein keine neuen wissenschaftlichen und technischen Entdeckungen und Erfindungen hervorruft, dass hierzu vielmehr die Phantasie ihre beflügelte Hilfe leihen muss? Sie trägt die Ideen, Theorien und Hypothesen des Erfinders und Entdeckers, die anfänglich phantastisch anmuten, bis sie nach manchen Irrwegen, die der forschende Geist tastend wandelt, zu dem geahnten Ziele leiten. Auf diesen Irrwegen kann uns der Menschengeist zuweilen als Schwindler erscheinen, der die Welt der Wirklichkeit verlässt. Ja, gerade das leichte, phantastische Schwindeln vermag das Ergebnis hervorzulocken. Der große Liebig hat von sich selbst gesagt, dass ihn seine Eingebung, seine Phantasie geführt hat. Wer denkt nicht an Caesare Lombroso? Seine Gegner behaupten von ihm sogar, er sei mit seinen Forschungen gelegentlich im Reiche des Schwindels steckengeblieben!

Den Vorgang, wie dichterisches Schaffen in strafbares Behaupten übergeht, kann man recht gut bei Friedrich Hebbel studieren. In seinen Tagebüchern erzählt er mancherlei Geschichten, die nicht so vorgefallen waren, wie er berichtet. So erzählt er beispielsweise, er habe einen Bekannten des Ehebruchs beschuldigt und von ihm gesagt, dass er den Ehebruch mit der Krankheit der Frau entschuldigt habe. Hebbel bemerkt hierzu: »Der Bekannte hat nie dergleichen gesagt, doch wer ihn kannte, wird mir zugeben, dass schwerlich etwas Erschöpfendes gesagt werden könnte.« Mit anderen Worten, Hebbel meinte, nach dem Charakter des Bekannten wäre es möglich gewesen, dass er sich so geäußert oder dass er seinen Ehebruch in dieser Weise entschuldigt hätte. Indem also Hebbel, nicht etwa aus Bosheit oder Lust an der

Lüge, sondern als Dichter die Begebenheit und den Charakter des Bekannten ausdeutete, streifte oder überschritt er schon im bürgerlichen Leben die Grenze der verleumderischen Beleidigung. Der Übergang vom Dichten zum Strafbaren kommt hier, wie gesagt, recht deutlich zur Erscheinung.

Man denke ferner an das Gedicht »Der Schulgenosse« von Gottfried Keller, das die vergleichenden Linien in geradezu klassischer Weise zeichnet:

> Wohin hat dich dein guter Stern gezogen,
> O Schulgenoss aus ersten Knabenjahren?
> Wie weit sind auseinander wir gefahren,
> In unserm Schifflein auf des Lebens Wogen!
>
> Wenn wir die Untersten der Klasse waren,
> Wie haben wir treuherzig uns betragen,
> Erfinderisch und schwärm'risch uns belogen
> Von Aventuren, Liebschaft und Gefahren!
>
> Da seh ich just beim Scheine der Laterne,
> Wie mir gebückt, zerlumpt, ein Vagabund
> Mit einem Häscher scheu vorübergeht –!
>
> So also wendeten sich unsre Sterne?
> Und so hat es gewuchert, unser Pfund?
> Du bist ein Schelm geworden – ich Poet!

Gerade Gottfried Keller konnte in diesem Gedichte ein Selbstbekenntnis ablegen. Wie er in seinem Werke »Der grüne Heinrich« berichtet, kannte er den Zusammenhang und die Verwandtschaft von Lüge und Dichtung sehr genau. Er hat die Pseudologia phantastica in seinen Kinderjahren an sich selbst beobachtet. In dem genannten Roman spricht der etwa siebenjährige Heinrich Lee beim Spielen einige unanständige Worte vor sich hin, deren Sinn ihm selbst unbekannt ist. Zur Rede gesetzt, von wem er diese Worte gehört habe, nennt er, »einen Augenblick nachsinnend«, die Namen einiger älterer Schulkameraden, mit denen er kaum gesprochen hatte. Vor dem Lehrer leugnen die Knaben. Heinrich, befragt, wo er die Worte von ihnen vernommen habe, ist sogleich wieder im Zuge und antwortet unverweilt mit trockener Bestimmtheit: »Im Brüderleinsholze!« Er beschreibt die Art, wie die Knaben ihn zum Spaziergang verführt haben, er beschreibt den Weg. »Sogleich liegt derselbe deutlich vor seinen Augen und, angefeuert durch den Widerspruch und das Leugnen eines Märchens, an welches er nun selbst glaubt, da er sich sonst auf keine Weise den wirklichen Bestand der gegenwärtigen Szene erklären kann, gibt er nun Weg und Steg an, die an den Ort führen. Er kennt denselben nur vom flüchtigen Hörensagen, und obgleich er kaum darauf gemerkt hatte, stellt sich nun jedes Wort zur rechten Zeit ein.« Er erzählt nun in allen Einzelheiten das Abenteuer. »Noch nie hat man in der Schule eine solche Beredsamkeit an Heinrich bemerkt wie bei dieser Erzählung. Es kommt niemand in den Sinn, etwa bei seiner Mutter anfragen zu lassen, ob er eines Tages durchnässt und nächtlich nach Hause gekommen sei. (Er hatte erzählt, er sei in einen Bach gefallen.) Dagegen bringt man mit seinem Abenteuer in Zusammenhang, dass der eine oder andere Knabe nachgewiesenermaßen die Schule geschwänzt hatte, gerade um die Zeit, welche Heinrich angab. Man glaubte seiner großen Jugend sowohl wie seiner Erzählung; diese fällt ganz unerwartet aus dem blauen Himmel seines sonstigen Schweigens.« Die Knaben wurden streng bestraft. Heinrich war das angerichtete Unheil vollständig gleichgültig. »Er fühlte eher noch eine Befriedigung in sich, dass die poetische Gerechtigkeit seine Erzählung so schön und sichtbarlich abrundete, dass etwas Auffallendes geschah, gehandelt und gelitten wurde und das infolge seines schöpferischen Wortes.«

Die Verwandtschaft des Hochstaplers mit Dichter und Darsteller hat auch sonst ihren Niederschlag in der Weltliteratur gefunden. Man denke an Homers Heldengedicht von dem listenersinnenden, erfindungsreichen Odysseus. Da ihn ein Orakel vor Beteiligung an dem Zuge nach Troja gewarnt hatte, stellte er sich vor der Abfahrt wahnsinnig; aber Palamedes überlistete und entlarvte den Simulanten. Er war der Held von nimmer verblühender Jugend. Er war der Blender des einäugigen Riesen Polyphem, dem gegenüber er sich schlauerweise den Namen »Niemand« beigelegt hatte, so dass der Cyklope seinen zu Hilfe eilenden Riesengenossen im höchsten Schmerze nur zurufen konnte: »Niemand hat mir mein Auge geblendet!« Als Meister im Erzählen von Abenteuern und Schicksalen steht Odysseus vor der Königstochter Nausikaa und beim Gastmahle der Phäaken vor ihrem Vater, als wahnsinniger Bettler endlich im Kreise der dreisten Freier seiner treuen Gemahlin Penelope.

Odysseus war ein griechischer Nationalheros, nicht nur weil durch seine List des hohlen hölzernen Pferdes Troja erobert worden war. Die Griechen hatten an dem Erfindungsreichen, an dem Listenersinnenden eine geradezu völkische Freude: Diese Eigenschaften waren dem griechischen Volkscharakter selber eigentümlich. Das Volk liebte diesen Weltensegler, diesen Abenteurer, den großen Verwandlungskünstler mit Verstellung und Verkleidung. Auch deshalb seine Verherrlichung im Heldenlied!

Auch die deutsche Dichtung hat eine Freude an der großen Täuschung. Wir denken an die gegenseitige Überlistung der Riesen und Zwerge in der Nibelungensage, an Wotans List und Vertragsbruch, an Siegfrieds unsichtbar machende Tarnkappe. Auch im deutschen Volksmärchen findet sich dieser poetische Niederschlag. Betrüger und Gauner werden gefeiert und verspottet. Der Müllerssohn Hansjörge alias Graf von Karabas mit seinem Helfershelfer, dem gestiefelten Kater, ist der Typus eines Hochstaplers. Als der König mit seiner Tochter spazierenfährt, fragt er, wem alle die prächtigen Wiesen, Felder und Wälder gehören. Die Bauern antworten: »Dem Grafen Karabas!« Denn der gestiefelte Kater war vorausgeeilt und hatte diese Antwort den Leuten eingeschärft. Dann gilt es, ein schönes Schloss zu gewinnen, dessen Besitzer ein Zauberer ist. Der Kater schmeichelt ihm, seine Verwandlungskünste zu zeigen. Da verwandelt der Zauberer sich in einen Löwen. Danach soll er sich zur Gegenprobe auch in eine Maus verwandeln. Der Schlossherr tut es, und der gestiefelte Kater frisst ihn.

Hansjörge wird Schlossherr und heiratet die Königstochter. Eine Hochstaplernatur ist auch der Wolf, der die sieben Geißlein fressen und sich deshalb für die alte Geiß ausgeben will. Er kauft sich Kreide, verzehrt sie und bekommt davon eine feine Stimme. Das würde unter Umständen heute ein Hochstapler auch fertigbringen. Vom Bäcker lässt er sich Teig über den Fuß streichen und vom Müller weißes Mehl darüberstreuen. Also eine Art Verkleidung, um den Geißlein eine weiße Pfote zeigen zu können. Und Reineke Fuchs endlich, den das volkstümliche Tierepos und Goethes Nachbildung verherrlicht, ist ein Betrüger und Gauner von Meisterschaft, der eine glänzende Phantasie und unübertreffliche Fähigkeit zum Lügen besitzt. Der Zustand des pathologischen Schwindlers, der seinem Lügenstrom schließlich selbst keinen Einhalt mehr zu gebieten vermag, der in lauter Lügenlust schwelgt, erfasst den verschlagenen Fuchs, der über seine Feinde triumphiert. Und der volkstümliche Dichter hat seine eigene Freude an dieser Lügenerzählung.

Die volkstümliche Lust am Schwindeln kommt auch in den dem Volksmärchen nachgebildeten wunderbaren Reisen und Abenteuern des Freiherrn von Münchhausen auf und zu Bodenwerder zu gewissermaßen klassischem Ausdruck. Die Lust am Fabulieren erfüllt auch diesen Helden, der sein an der Kirchturmspitze am Halfter aufgehängtes Pferd herabschießt, indem er mit seinen Kugeln den Halfter durchlöchert, der auf halbem Rosse reitet und auf Kanonenkugeln fliegt. Münchhausens Aufschneidereien sind als die sogenannten Münchhausiaden geradezu sprichwörtlich geworden. Wie nachgewiesen worden ist, finden sie sich zum Teil schon in älteren Büchern, denen er sie entlehnte, vor. Man kann die deutschen »Lügendichtungen« bis auf Münchhausen herauf verfolgen. Diese Dichtungsart verdankt ihre Entstehung geradezu der völkischen Freude am Schwindeln. Es kommt darauf an, so toll und faszinierend wie möglich zu schwindeln, so dass der verwirrte Leser vorübergehend die Lügen glaubt, sich also selber der Geistesverfassung des Schwindlers und Hochstaplers nähert.

Aus der neueren Literatur wären Alphonse Daudets »Wunderbare Abenteuer des Herrn Tartarin aus Tarascon« zu erwähnen. Tartarin hat seine Vaterstadt Tarascon nie verlassen, aber er lebt in seiner Phantasie nur in Jagd- und Kriegsgeschichten und hat zahlreiche Reise- und Jagdbeschreibungen aus fernen Ländern immer wieder gelesen. Beinahe bekam er einmal eine Anstellung in einem Handelshause in Schanghai, wo man mitunter den Überfall der Tartaren zu gewärtigen hat. Er malt sich das dortige Leben mit solcher Lebhaftigkeit aus, dass er schließlich selbst glaubt, er sei in Schanghai gewesen. »So erzählte er denn auch mehr als hundertmal den Angriff der wilden Stämme und wie er sie verjagt hätte; seine Geschichte schloss regelmäßig mit den Worten: ›Und nun ließ ich alle meine Kommis bewaffnen, hisste die Konsulatsflagge auf, und dann ging's los. Piff, paff, puff – so wurde immer munter aus den Fenstern auf die Tartaren geschossen.‹ Als er sich dann notgedrungen darauf vorbereitet, in Algier auf die Löwenjagd zu gehen, liest er Schriften über die Löwenjagd und erzählt mit halbverhaltener Stimme von den Gefahren, die ihm da unten in Afrika einmal drohen könnten. Es kann sein, dass er nach der allzu häufigen Erzählung seiner künftigen Jagden und Abenteuer schließlich wirklich glaubte, er habe sie schon überstanden und erzähle Erlebtes.« Und in Verspottung des Südfranzosen heißt es an anderer Stelle: »Es gibt keine Lügner im Süden – weder in Marseille, noch in Nimes, weder in Toulouse, noch in Tarascon. Der Südländer lügt eben nicht, er – irrt sich nur; er ist stets in einer eigentümlichen Selbsttäuschung befangen. Er sagt nicht immer die Wahrheit, das ist richtig – aber er glaubte doch immer, dass er sie sagt.« Hier wird also der Versuch gemacht, die phantastische Selbsttäuschung geographisch zu erklären. Sie ist »eine ganz merkwürdige Naturerscheinung ... der tarasconische Typus ist im Grunde genommen nichts als der französische Charakter in vergrößertem Maßstab«.

In ähnlicher Weise stellt Henrik Ibsen seinen Helden Peer Gynt als aus dem nordischen nationalen Boden herauswachsend dar. Peer Gynt ist die neueste umfassende Dichtung vom unbändigen Phantasten und seinen Schicksalen. Er stammt von einer geistig abnormen Mutter und entbehrt der Erziehung und Bildung. Sein Übermaß an Phantasie lässt ihn die Wirklichkeit der ihn umgebenden Verhältnisse nie richtig einschätzen, weshalb er mit ihnen in Widerstreit gerät. Wie er die anorganische Natur belebt, so wird ihm eine Hirtin mit zerrissenem Rock zur

Prinzessin, er spielt sich als Prinz auf und sieht ihren Vater als Dovrekönig. Seine phantastischen Vorstellungen werden für ihn wirkliche Erlebnisse. Aus der Heimat vertrieben, der er als arbeitsscheuer, verlogener und großprahlerischer Bursche gilt, will er im Auslande König oder Kaiser werden. Weil er aber zu solchem Zwecke gewissenlose und unsittliche Mittel wählt, wandelt er den Weg zum vollkommenen Egoisten. Dabei strebt er ins Ungeheuerliche, ins Absurde; er will die Sahara in ein Meer verwandeln. Als er schließlich vollkommen Schiffbruch leidet, kehrt er, in seinem Wirken vernichtet, zur verlassenen Geliebten zurück, die alt wie er selber geworden ist, und erkennt, dass einfach-menschliche Verhältnisse auch ihn einzig beglückt hätten. Peer Gynt, wohl Ibsens bedeutendstes Werk, ist eine klassische Tragödie des überphantastischen Menschen; sie zeigt, wohin ein Übermaß an Phantasie den Menschen führt, wenn es sich nicht, wie beim Dichter und Künstler, in ein Kunstwerk zu entladen vermag, sondern sein reales Empfinden, Denken und Handeln beeinflusst. Die vergleichenden Linien zur Psychologie des Hochstaplers sind besonders auffällig und von hohem Interesse. Auch er ein »Märtyrer« seiner Phantasie oder vielleicht ein larvierter Poet mit weitem Gewissen.

In der dramatischen Literatur ist ein Meister als Verwandlungskünstler Shakespeares Richard III., der sich selbst den Monolog spricht:

»Kann ich doch lächeln und im Lächeln morden
Und rufen – schön! zu dem, was tief mich kränkt.

Die Wangen netzen mit erzwungnen Tränen
Und mein Gesicht zu jedem Anlass passen.
Ich will mehr Schiffer als die Nix' ersäufen,
Mehr Gaffer töten als der Basilisk;
Ich will den Redner gut wie Nestor spielen,
Verschmitzter täuschen als Ulyss gekonnt,
Und, Sinon gleich, ein zweites Troja nehmen.
Ich leihe Farben dem Chamäleon,
Verwandle mehr als Proteus mich und nehme
Den mörderischen Macchiavell in Lehr!«

Richard zählt selbstgefällig seine Verwandlungskünste auf. Und als Prinzessin Anna, deren Vater und Gatten er ermordete, auf offener Straße an der Leiche ihres jugendlichen Gemahls wehklagt, da wirbt Richard Gloster heuchlerisch um ihre Liebe und wird – nicht abgewiesen. In seiner Liebeswerdung weiß er alle Töne anzuschlagen – glühende Leidenschaft, Sinnlichkeit, Schmeichelei, Schmerz, Reue, Treuherzigkeit, Witz und Brutalität –, so dass durch die dämonische Mischung aller dieser Äußerungen Prinzessin Anna in ihrem Urteil über ihn verwirrt wird. Ein klassischer – freilich blutiger – Hochstapler und Heiratsschwindler auf dem Wege nach der Königskrone mit Zügen so körperlicher und seelischer Entartung wie Genialität, begreiflich und glaubhaft, wenn er gespielt wird, wie Friedrich Mitterwurzer ihn spielte, von dem seine Partnerin, Alice Politz, als Prinzessin Anna den Eindruck empfing: »Bei ihm verstand man Anna – er war die Schlange, der die Unselige bannte wie ein Vöglein. Mir selbst wurde es heiß und eiskalt, und ich zitterte am ganzen Körper, mein Gesicht war mit roten Flecken bedeckt – ich war wie im Fieber.«

Es gibt auch einen dichterisch-schauspielerischen Verkleidungstrieb, der bei keinem so deutlich wird wie bei Goethe, der sich in alle Gestalten zu hüllen und in allen Sprachen der Seele zu bekennen liebt. Ist er nicht selbst der schwankende Liebhaber im Weißlingen, im Clavigo, Werther und Fernando? Nicht selber der leichtfertige Politiker im Egmont? Nicht Orest, Tasso, Wilhelm Meister und Faust mit zwei Seelen in der Brust? Hüllt er sein Leben nicht in den Schleier von Wahrheit und Dichtung? Nimmt er nicht allerlei äußere Gestalt an, um, innerlich immer derselbe, sich voll und ganz auszuleben? Sind seine Helden nicht Masken und Vortäuschungen seines Geistes?

Ist in dem nämlichen Sinne nicht Richard Wagner selber Rienzi, der Holländer, Tannhäuser, Lohengrin, Tristan, Hans Sachs und Walter Stolzing, Wotan und Siegfried, schließlich auch Parsifal?

Und Friedrich Schiller, der dem Kriminalistischen immer sehr nahestand, hat er nicht in zwei dramatischen Entwürfen die Psychologie des großen Betrügers geschildert? Zuerst im falschen Demetrius, der im guten Glauben an seine fürstliche Abkunft die ihm angetragene politische Mission übernimmt und, als er auf der Höhe seiner Macht und seines Glückes erfährt, dass ihn ein anderer über seine Herkunft getäuscht hatte, nunmehr, wie es die Umstände im Zusammenwirken mit seinem Charakter gebieten, beschließt, die Täuschung wissentlich aufrechtzuerhalten und die einmal übernommene Rolle bis zum tiefen Fall durchführt. Hierauf drängt sein innerster Lebenswille. Was bisher Glaube, Wahrheit, Vertrauen war, wird nun Zweifel, Betrug, Lüge. Seine heroische Kraft zur Durchsetzung wächst ins Große und Grausige. Hat hier Schiller nicht dem Motiv eines Betrügers eine ungeheure Tragik zu verleihen gewusst? Noch deutlicher vielleicht im Fragment Warbeck, das den letzten und gefährlichsten der Usurpatoren zum Helden haben sollte, die als angebliche, den Mörderhänden Richards III. entronnene Königssöhne das Thronrecht Heinrichs III. anzufechten suchten. Es sollte ganz so aussehen, dass der Betrug ihm nur den Platz einräumte, zu dem die Natur selbst ihn nach seinen äußeren und inneren Gaben bestimmt zu haben schien. Er sollte kein gewöhnlicher Betrüger sein, sondern eine geborene Herrschergestalt, die ihren natürlichen Machtanspruch gegen die Legitimität durchsetzen will. Warbeck ist, ohne dass er es weiß, königlicher Abkunft, in seinen Adern fließt Yorksches Blut. Eine dunkle Ahnung hiervon steigt mächtig aus seinem Unbewussten herauf. Er ist ein falscher Prinz, sein deutliches Bewusstsein verdammt ihn, aber ein dunkles Gefühl rechtfertigt ihn in seinen inneren Konflikten. Wollte da Schiller nicht einen dem Hochstapler verwandten Charakter verherrlichen?

So finden wir im nüchternen Leben wie in der Dichtung ein Reich des schönen Scheins, in das wir Menschen, in das ganze Völker sich flüchten. Dem Menschen ist gegeben, nicht nur zu sein, auch zu scheinen. Er trägt eine ewige Sehnsucht in sich, zu scheinen, anders und mehr zu scheinen, als er in seiner

Armseligkeit zu sein vermag. Deshalb regiert auch der Schein als in gewissem Sinne unabänderliches Gesetz das Leben und die Welt. Seit Jahrhunderten, seit Jahrtausenden in Geschichte und Welt immer Masken, immer Gestalten, die vorgegeben werden. Fürsten und Priester, der Staatsmann, Soldat und Beamter, der Arzt und Gelehrte, der Kaufmann und Künstler, alle geben sie etwas vor, was sie in Wirklichkeit nicht sind. Wer dürfte die Hand aufs Herz legen und beteuern, er sei immer ganz echt? Viele geben sich Mühe – es ist wahr – der Verkleidung, die Zwang, Gelegenheit, Zufall, innerer Drang sie wählen ließ, gerecht zu werden. Aber keiner kann mit der Maske einen anderen Menschen anlegen. Jeder verfolgt in der täuschenden Hülle, oft unbewusst, seine eigenen kleinlichen Zwecke. Dann gibt es andere, kaleidoskopische Seelen, Vexiergemüter, Proteusgestalten, Chamäleonnaturen, durch ihre Veranlagung klafft ein Riss. Mit der glänzendsten Darstellungsgabe verbindet sich die Unfähigkeit, auf dem Mummenschanze des Daseins sich dauernd zu behaupten. Sie reden dazwischen, sie verraten sich selbst, sie gestehen ein, was andere, Minderbegabte, vermeiden. Da reißt ihnen der Marschall die Maske vom Gesicht – und zwischen diesen allen steht der Hochstapler mit seiner schillernden Begabung, der aus seinem Wörterbuche so gern das Wort »unmöglich« gestrichen hätte. Sucht zu glänzen, werfen wir ihm vor, zu blenden, im Golde zu wühlen, im Lichtermeere von Juwelen zu wandeln, durch äußeren Schein zu täuschen, ohne innere Berechtigung hohe Personen und Aufgaben vorzugeben. Ist er da-

mit nicht ein Kind der Zeit? der Welt? der Geschichte? »So wie ich bin, seid ihr alle!« ruft er uns zurück.
»Die Goldleidenschaft will euch die Sinne verwirren,
wahrt eure Seelen und eure Vernunft! Der Hochstapler, der Schelm, hat seine Mission, der Hochstapler,
der Schelm, hält euch den Spiegel vor!«